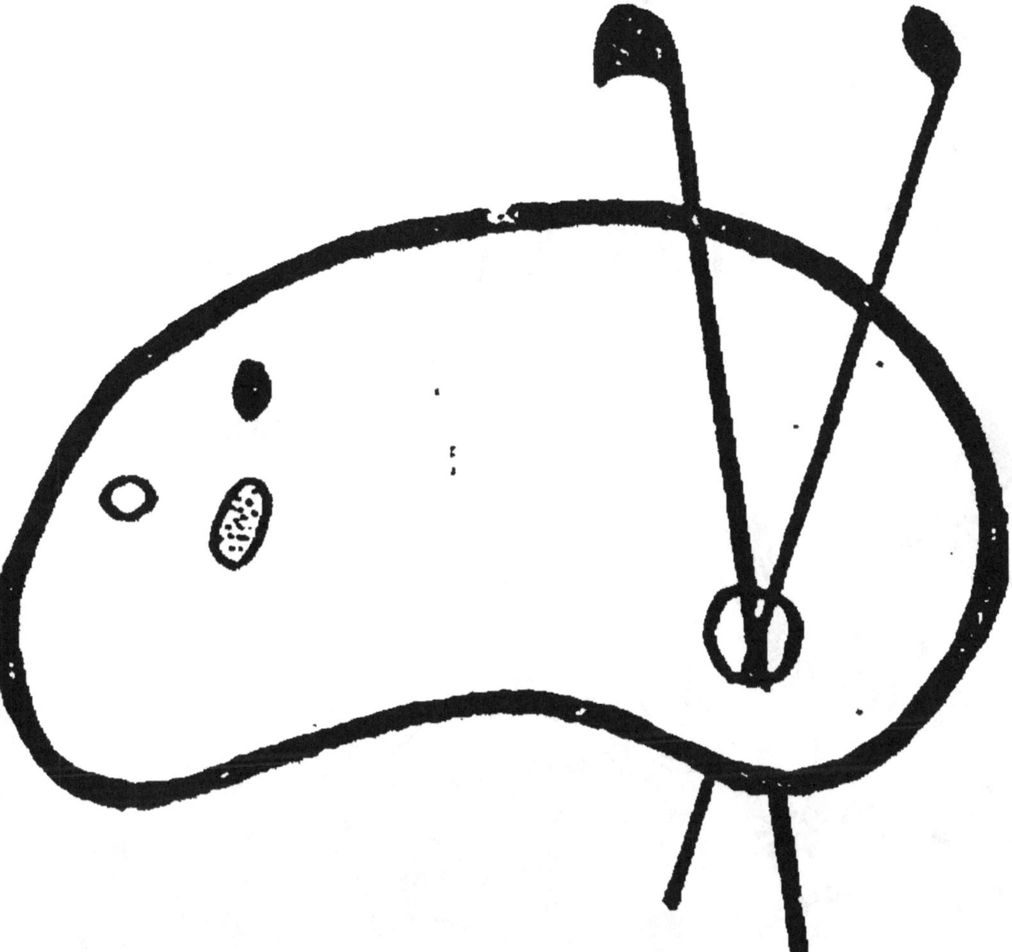

DEBUT D'UNE SERIE DE DOCUMENTS EN COULEUR

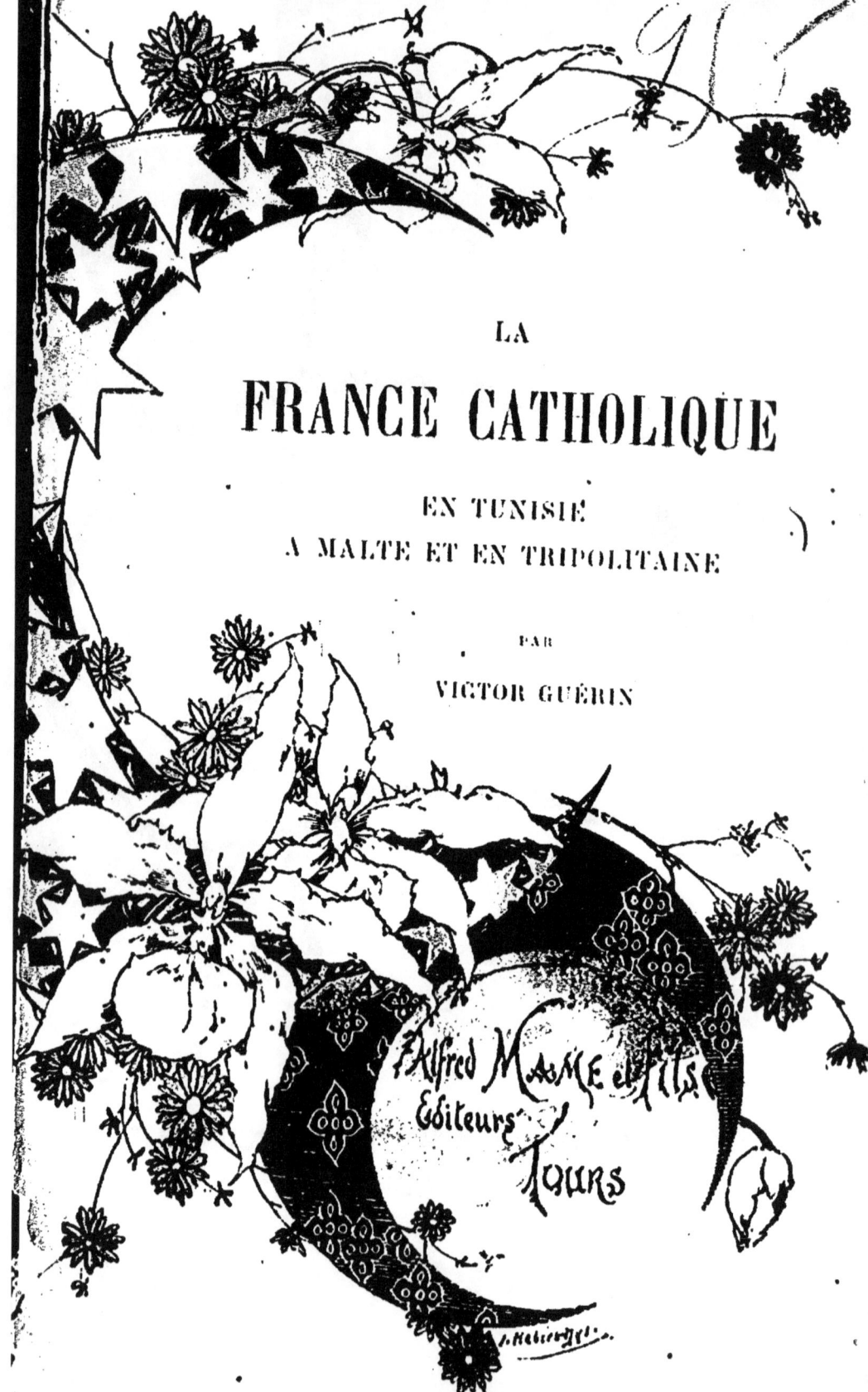

OUVRAGES DE LA MÊME COLLECTION
FORMAT IN-8° — 2ᵉ SÉRIE

A BORD D'UN NÉGRIER, épisode de la vie maritime, tiré des *Voyages et Aventures* de L. Garneray.

ALDA, L'ESCLAVE BRETONNE, traduit de l'anglais par Mᵐᵉ L. de Montauclos.

ART EN ITALIE (l') au moyen âge et à la renaissance; biographies et esquisses, par Mgr Sébastien Brunner; traduit de l'allemand par J.-T. de Belloc.

BENVENUTA, par Marshall.

BONHEUR DANS LE DEVOIR (le), par Mᵐᵉ L. Bédollière-d'Auvigny.

BRETAGNE ET GRANDE-BRETAGNE, Italie et Sicile (1879-1883), par l'abbé Lucien Vigueron.

CHEMIN DE LA VERA-CRUZ (le), épisode de la guerre du Mexique, par V.-H. Martin.

CHRISTIANISME EN ACTION (le), Choix de nouvelles, par E. de Margerie.

COLONIE DU CAP (la), Aventures et voyages, par Franz Hoffmann; traduit de l'allemand, avec l'autorisation de l'auteur, par Mˡˡᵉ Simons.

CONGO (le), par Emmanuel Ratoin.

DEUX COUSINES, par Mᵐᵉ Colette.

ENFANT DU MOULIN (l'), par Mrs Ewing; traduit de l'anglais, avec l'autorisation de l'auteur, par A. Chevalier.

ÉTRANGÈRE (l'), traduit de l'allemand par Louis de Hessem.

FEU DU CIEL (le), histoire de l'électricité et de ses principales applications, par Arthur Mangin. Nouvelle édition revue et mise au courant des récentes découvertes de la science, par H. G***.

FOI ET COURAGE, par le R. P. Chauveau, de la Compagnie de Jésus.

FRANCE CATHOLIQUE EN TUNISIE (la), à Malte et en Tripolitaine. Établissements religieux fondés ou protégés par la France, par Victor Guérin, agrégé et docteur ès lettres, chargé de nombreuses missions scientifiques en Afrique et en Orient.

FRANCE CATHOLIQUE EN ÉGYPTE (la), par Victor Guérin.

GLOIRES DE LA MUSIQUE (les), par M. l'abbé A. Laurent.

ILLUSTRATIONS DE LA MARINE FRANÇAISE, par L. le Saint.

ISABELLE LE TRÉGONNEC, par Marguerite Lavray.

LÉGENDES BOURGUIGNONNES. Récits historiques et légendaires, par M. E. B***, curé de Volnay.

LOUISE MURAY, par A. Desves.

MARIE-ANTOINETTE, REINE DE FRANCE (histoire de), par J.-J.-E. Roy.

MARIE DE BOURGOGNE, par Mˡˡᵉ A. Gerbier.

MARIE-THÉRÈSE D'AUTRICHE (histoire de), par J.-J.-E. Roy.

OASIS DE PLÉNEUF (l'), par Alfred Giron.

PAGE DE LA DUCHESSE ANNE (la), récit de haute et basse Bretagne, par Alain de la Roche.

PAPES (les), par le P. Marin de Boylesve, S. J.

PAUVRES ET RICHES, par Mᵐᵉ O. des Armoises.

PÈRE TRANQUILLE (le), par François Mussat.

PETITE TZIGANE (la), ou l'Enfant perdue et retrouvée, par Louise Hautières.

PONSARDIN FRÈRES, par Mᵐᵉ Louise Mussat.

RÉCITS D'UN ALSACIEN, par Charles Dubois.

REINE-MARGUERITE, ou une Famille chrétienne, par Mᵐᵉ A. Desves.

SOLDATS FRANÇAIS (les), par le général baron Ambert. Nouvelle édition.

SOUVENIRS D'UN OFFICIER DE CHASSEURS A PIED. Extrait des Notices sur les élèves de l'école Sainte-Geneviève tués à l'ennemi.

STÉPHANIE VALDOR. Étude de mœurs arabes, par Mᵐᵉ la Cᵗᵉˢˢᵉ de la Rochère.

SUR LES BORDS DU FLEUVE ROUGE, par Louis d'Estampes.

TENSIMA, ou l'Exilé du désert, récits historiques et légendaires, par M. E. B***.

TRAPPEURS DU WYOMING (les), par F.-J. Pajeken, traduit de l'allemand, par Louis de Hessem.

UN INVENTEUR MÉCONNU (Frédéric Sauvage), sa vie, ses inventions, par C. Painot.

UN RÉGENT D'ÉCOLE, tableau de mœurs strasbourgeoises à la fin du XVIIIᵉ siècle, par Arthur de Jancigny.

VALÉRIE DE LIGNEUIL, par Mᵐᵉ la Cᵗᵉˢˢᵉ de Tilière.

VRAI PATRIOTISME (le), par le R. P. Chauveau, de la Compagnie de Jésus.

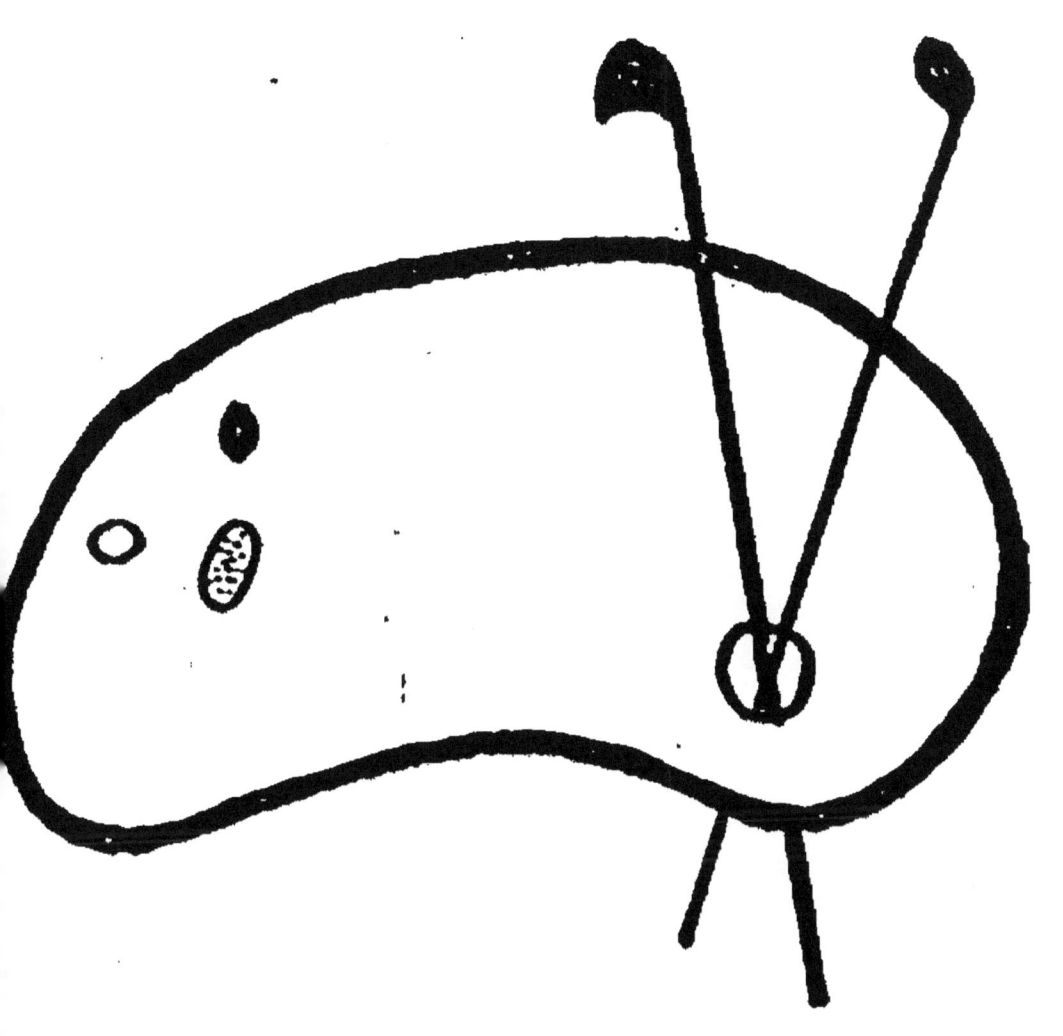

FIN D'UNE SERIE DE DOCUMENTS
EN COULEUR

LA FRANCE CATHOLIQUE
EN TUNISIE

2ᵉ SÉRIE IN-8ᵉ

PROPRIÉTÉ DES ÉDITEURS

LA
FRANCE CATHOLIQUE

EN TUNISIE
A MALTE ET EN TRIPOLITAINE

PAR

VICTOR GUÉRIN

AGRÉGÉ ET DOCTEUR ÈS LETTRES
CHARGÉ DE NOMBREUSES MISSIONS SCIENTIFIQUES EN AFRIQUE
ET EN ORIENT

TOURS
ALFRED MAME ET FILS, ÉDITEURS

M DCCC XCII

AVANT-PROPOS

Membre de l'Université depuis 1840, et d'abord professeur de rhétorique pendant une dizaine d'années dans plusieurs collèges et lycées, notamment, en 1850, dans le lycée d'Alger, j'ai eu l'occasion dès cette époque, en parcourant et en étudiant l'Algérie, de faire connaissance avec les Arabes, les Maures et les Berbères. Dans mes rapports avec eux, je me suis aperçu tout de suite que, bien qu'ennemis des chrétiens, les musulmans les estiment néanmoins profondément quand ils ne rougissent pas eux-mêmes de leur propre religion et qu'ils la pratiquent ouvertement. Ils n'ont, au contraire, que du mépris pour eux quand ils dissimulent, et, à plus forte raison, quand ils renient leurs croyances et leur foi.

En 1852, je fus envoyé à l'École française d'Athènes. Cette première mission en Grèce m'enthousiasma pour l'Orient, où depuis je retournai bien souvent, après un court passage dans les facultés comme professeur de littérature étrangère, à Lyon et à Grenoble. C'est ainsi que j'accomplis de nombreuses explorations dans les îles de la Grèce, en Asie Mineure, en Égypte, en Nubie, dans la régence de Tunis, en Syrie, dans le Liban et surtout en Palestine. Au retour de chacune de ces missions, j'en ai rédigé et publié les résultats dans plusieurs ouvrages, qui contiennent la description de tous les pays que j'ai étudiés.

Les recherches qui m'avaient été confiées avaient trait principalement à l'histoire, à la géographie et à l'archéologie. Tout en m'occupant de ces questions, un fait éclatant et d'une importance capitale frappa constamment mon attention, c'est qu'en Orient presque toutes les questions politiques deviennent en même temps des questions religieuses, et que dans tout l'empire ottoman la prépondérance chrétienne de la France est incontestable. Cette prépondérance est si avouée, que notre ambassadeur à Constantinople est considéré comme le défenseur officiel, au nom de la catholicité, des intérêts religieux du monde entier auprès de la Sublime Porte; et dans toutes les échelles du Levant et de l'Afrique, nos consuls et agents consulaires ombragent de leur pavillon et de leur protectorat tous les établissements religieux que les catholiques y ont fondés et y fondent encore. Mais, pour que ce protectorat puisse s'exercer, il faut qu'il y ait préalablement des sanctuaires, des églises, des chapelles, des couvents, des écoles et des hôpitaux, dont l'existence ou les prérogatives doivent être soutenues. C'est là une base absolument indispensable; autrement ce protectorat, que les autres puissances nous envient tant, s'évanouirait faute de monuments ou de chrétiens à défendre. Ce sont donc ces établissements et ces chrétiens qui servent de point d'appui à ce noble et glorieux patronage. Nous pouvons, en effet, en être justement fiers; car il remonte, de siècle en siècle, jusqu'à Charlemagne lui-même, auquel Haroun-al-Raschid, le célèbre calife de Bagdad, avait remis avec les clefs du saint sépulcre le droit de protéger les lieux saints et la religion du Christ dans toute l'étendue de l'empire du Croissant. A l'époque des croisades, ce protectorat s'est affirmé de la manière la plus complète et la plus effective; car c'est la France qui a toujours dirigé ces expéditions sacrées; c'est elle qui a régné alors en Palestine et en Syrie; c'est elle aussi qui, depuis la perte du royaume latin qu'elle y avait fondé, a su reconquérir et conserver à travers les âges le patronage traditionnel de tous les établissements catholiques dans les échelles du Levant et de l'Afrique septentrionale. Le pourtour entier de la Méditerranée, dans les diverses contrées où ses côtes sont baignées par des eaux musulmanes, appartient à ce patronage, et aujourd'hui encore, malgré les tendances et les mesures antichrétiennes de notre gouvernement intérieur, notre pays, au dehors et à l'égard de l'empire ottoman, est toujours la France de Charlemagne et de saint Louis. Je le reconnais moi-même avec bonheur : jusqu'à présent notre ministère des affaires étrangères est resté fidèle, sous ce rapport, aux vieilles traditions de notre politique chrétienne. Loin de la répudier, comme quelques esprits fort peu éclairés sur nos véritables intérêts voudraient l'y pousser, il persévère toujours dans les mêmes errements que par le passé. Bien souvent témoin des utiles effets de ce protectorat, j'ai conçu la pensée de chercher à montrer combien il est légitime et bienfaisant, combien aussi il importe à notre influence de le maintenir partout, bien loin d'y renoncer par suite d'une haine aveugle contre la religion et ses ministres. Pour cela, le moyen le plus simple et le plus rationnel m'a paru être de parcourir avec le lecteur le bassin de la Méditerranée, et de lui signaler, en Tunisie, à Malte, en Tripolitaine, en Égypte, en Palestine, en Syrie, en Asie Mineure, dans beaucoup d'îles de la Grèce et de la Turquie, à Constantinople, en Roumélie et ailleurs, les principaux établissements chrétiens, soit de charité, soit d'éducation, que la France y entretient ou y protège, et qui contribuent à répandre, partout où ils existent, nos bienfaits, notre langue, nos mœurs, notre civilisation, et partant notre influence. Cette croisade douce et pacifique, qui ne laisse après elle ni sang répandu à venger, ni haine, ni inimitié réciproque entre les vainqueurs et les vaincus, mais qu'accompagnent le dévouement d'un côté et la reconnaissance de l'autre, prépare la soumission, et, jusqu'à un certain point, la fusion des peuples bien mieux que la force brutale du sabre, et c'est cette croisade-là qui, coûtant le moins en hommes et en argent, obtient cependant, à la longue, les succès les plus sûrs et les plus durables.

Pour le moment je me bornerai, dans le présent ouvrage, à dire quelques mots des établissements de cette nature que j'ai rencontrés en Tunisie, à Malte et en Tripolitaine. Je viens de les examiner tout récemment, et je vais donner sur chacun d'eux des renseignements précis, recueillis avec soin sur les lieux mêmes. Ces détails pourront paraître d'un intérêt médiocre et quelque peu monotones à plus d'un lecteur; j'espère néanmoins que ceux qui ont à cœur de rechercher partout à l'étranger les moindres vestiges de ce qui contribue à l'influence de la France ne dédaigneront pas la lecture de ces pages, où chaque ligne met en relief quelques-uns des agents les plus actifs et les plus dévoués, quoique souvent en apparence les plus humbles, de cette influence si féconde et si utile de notre patrie. Heureux s'il m'est donné, en attirant l'attention sur eux, de servir en même temps, en la recommandant, la cause dont ils sont les meilleurs auxiliaires, et qui est celle-là même de la civilisation et du progrès, de la religion et de la France!

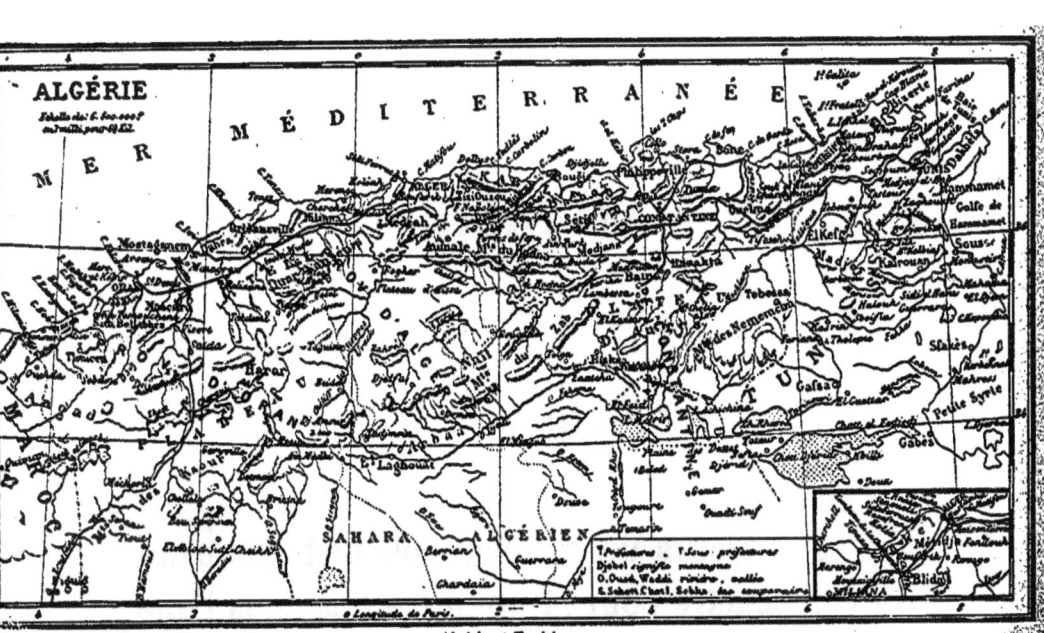
Algérie et Tunisie.

LA FRANCE CATHOLIQUE

TUNISIE

CARTHAGE

C'est toujours un moment solennel que celui où l'on pénètre pour la première fois dans l'une de ces grandes capitales qui sont comme la personnification et le résumé vivant de tout un peuple. Mais si les capitales encore debout, et dans tout l'éclat et le mouvement de leur vie et de leur puissance, captivent si fortement la curiosité de ceux qui les visitent, et qui cherchent à y saisir la physionomie générale de la nation qu'elles représentent, les capitales mortes et ensevelies depuis longtemps sous la poussière de leurs débris, mais avec toute la gloire de leur passé, exercent sur l'imagination du voyageur, qui arrive de loin pour contempler leurs ruines, une impression plus profonde encore. Quand cette capitale surtout porte le nom de Carthage, et qu'elle rappelle à l'esprit un des plus grands drames qui se soient joués dans le monde, on éprouve en foulant le sol, maintenant aux trois quarts désert, qu'elle occupa jadis, je ne sais quelle grave et mélancolique émotion qui subjugue l'âme tout entière. Là où les ruines manquent, on trouve dans cet anéantissement même de tout ce que l'homme créa autrefois une source inépuisable de rêveries et un témoignage éclatant de la vanité des choses humaines; là, au contraire, où des ruines s'offrent à la vue, on les suit à la trace, pas à pas; on les considère avec un pieux respect. L'imagination même aime à les relever et à leur rendre une sorte de forme et de vie éphémère en les peuplant de souvenirs.

Cette évocation du passé sur le sépulcre solitaire d'une grande cité est, sans contredit, un des charmes les plus puissants des voyages, charme que je renonce à décrire, parce qu'il a quelque chose d'indéfinissable. Je n'entreprendrai donc point ici de dépeindre les impressions qui naissent en foule dans l'esprit lorsque, après avoir franchi la plaine qui sépare Tunis de Carthage, on commence à distinguer les premiers vestiges et à parcourir l'emplacement de l'antique rivale de Rome.

Ces impressions, il m'en souvient, je les ai très vivement ressenties, il y a vingt-cinq ans, lorsque, en 1860, j'accomplis quatre explorations successives et méthodiques dans la régence de Tunis, explorations dont je publiai les résultats, en 1862, dans un ouvrage en deux volumes intitulé : *Voyage archéologique dans la régence de Tunis* (Paris, Plon, éditeur). Je commençai alors naturellement, à peine débarqué à la Goulette, par aller saluer les champs et les collines où fut Carthage, et je m'assis, ou plutôt j'errai de longues heures au milieu des décombres de cette cité fameuse. J'essayai ensuite d'en donner une description sommaire.

Cette année-ci, j'ai voulu revoir la Tunisie, pour y examiner d'une manière toute particulière les divers établissements religieux que la France y a fondés, tant ceux qui existaient déjà lors de mon précédent voyage que ceux qui ont été créés depuis. Afin de réaliser mon but, j'ai dirigé, en arrivant à Tunis, mes premiers pas et mes premiers hommages vers la chapelle Saint-Louis, située sur le sommet de l'ancienne acropole de Carthage. C'est donc là que je pric le lecteur de vouloir bien d'abord se transporter avec moi.

On sait, en effet, que Louis IX, le 25 août 1270, succomba à Carthage, où son armée était campée, au fléau qui décimait ses troupes. Là se passa la scène, aussi sublime que touchante, dans laquelle ce prince, humblement soumis à la volonté de Dieu, qui l'arrêtait soudain au début de sa nouvelle croisade, bénit la France entière dans son fils Philippe, puis, étendu sur un lit de cendres et les bras en croix, afin de mieux imiter le roi du Calvaire, exhala doucement son âme, les regards tournés vers le ciel.

En souvenir de ce grand événement, un des plus mémorables qui se soient accomplis à Carthage, la France a élevé une chapelle sur le plateau supérieur de Byrsa, qui servait jadis d'acropole à cette ville, au milieu d'un terrain qui lui a été concédé gratuitement par le bey. Au-dessus de la porte d'entrée de ce sanctuaire, on lit sur une plaque de marbre l'inscription suivante :

LOUIS-PHILIPPE PREMIER, ROI DES FRANÇAIS,
A ÉRIGÉ CE MONUMENT
EN L'AN 1841
SUR LA PLACE OU EXPIRA LE ROI SAINT LOUIS,
SON AIEUL

A la vérité, il n'est pas historiquement sûr que nous soyons précisément là sur l'emplacement authentique de la mort de ce monarque; mais une ancienne tradition autorise cette opinion, et en outre aucun site ne pouvait être mieux choisi que le point culminant de Byrsa pour y bâtir un monument qui devait être aperçu et salué par tous les navigateurs passant le long de cette côte.

Quoi qu'il en soit, à peine a-t-on franchi la porte de la chapelle, qu'on a devant soi, derrière et dominant le maître-autel, une belle statue en marbre représentant saint Louis, par le sculpteur Émile Seurre.

Près de l'autel, du côté de l'Évangile, dans un enfoncement servant d'oratoire latéral, Mgr Lavigerie a fait placer, en 1884, l'inscription que voici :

†

SUR LE PIEUX DÉSIR
DU COMTE FERDINAND DE LESSEPS,
SON ÉMINENCE LE CARDINAL LAVIGERIE,
ARCHEVÊQUE D'ALGER,
ADMINISTRATEUR APOSTOLIQUE
DE CARTHAGE ET DE LA TUNISIE,
A FAIT TRANSFÉRER LES RESTES MORTELS
DU COMTE MATTHIEU DE LESSEPS
DU CIMETIÈRE DE TUNIS
DANS CETTE CHAPELLE,
EN MÉMOIRE DU TRAITÉ CONCLU, EN 1830,
AVEC LE BEY DE TUNIS

PAR CE DIGNE REPRÉSENTANT DE LA FRANCE,
TRAITÉ PORTANT ABOLITION DE L'ESCLAVAGE
ET CONCESSION D'UN TERRAIN
SUR LES RUINES DE CARTHAGE,
AFIN D'Y CONSACRER PAR UN MONUMENT
LE SOUVENIR DE LA MORT DE SAINT LOUIS.

En face, dans un autre enfoncement parallèle, reposent les restes du comte Matthieu de Lesseps, transférés du cimetière chrétien de Tunis avec la pierre sépulcrale qui les recouvrait.

Le traité dont il est question plus haut avait été conclu, le 8 août 1830, entre Sidi Hussein-Bey, alors bey de Tunis, et le roi Charles X, qui venait d'être renversé du trône, mais dont la déchéance n'était pas encore connue en Tunisie.

Ce traité, en huit articles, auquel avait apposé sa signature le consul général de France et chargé d'affaires, qui, à cette époque, était M. Matthieu de Lesseps, le père de notre immortel Ferdinand, contenait dans un article additionnel et secret la disposition suivante:

« Nous concédons à Sa Majesté le roi de France un emplacement dans la Maalka, pour y ériger un monument religieux en l'honneur de Louis IX, à l'endroit où ce prince est mort. Nous nous engageons à respecter et à faire respecter ce monument consacré par le souverain de la France à la mémoire de l'un de ses plus célèbres aïeux. »

Sidi Hussein-Bey mourut le 26 mai 1835; il eut

pour successeur son frère, Mustapha-Bey, qui, en 1837, transmit le trône à son fils, Ahmed-Bey. C'est seulement sous le règne de ce dernier que Louis-Philippe Ier, en 1841, put réaliser les vœux de Charles X, tels qu'ils avaient été formulés onze ans auparavant, en donnant l'ordre de bâtir la chapelle actuelle.

A propos de ce monument, je m'exprimais ainsi en 1862, dans mon ouvrage sur la régence de Tunis[1] :

« La chapelle Saint-Louis, construite il y a une vingtaine d'années, et inaugurée avec une certaine pompe en 1842, a été bâtie sur les ruines du temple d'Esculape, le dieu Esmoun des Phéniciens. Petite et d'une architecture médiocre, elle ne répond nullement ni à la grandeur du monarque auquel elle est dédiée, ni à celle de la nation qui l'a élevée. Depuis plusieurs années elle est fort mal entretenue, et la messe n'y est plus célébrée, même le jour anniversaire de la mort de saint Louis. Un pareil abandon est très regrettable. Les musulmans vénèrent eux-mêmes encore la mémoire du roi franc qui les combattit, mais dont les vertus extraordinaires lui attirèrent, et sur les bords du Nil et sur les ruines de Carthage, l'admiration et le respect de

---

[1] *Voyage dans la régence de Tunis*, t. I, p. 47 et 48.

ses farouches ennemis. Ils auraient donc le droit d'être étonnés si nous, Français et chrétiens, nous laissions comme tomber en ruine avec cette chapelle le culte pieux que nous devons à l'une des gloires les plus pures du christianisme et de la France, et si nous semblions par là comme abdiquer, avec ce grand souvenir, la possession de la colline célèbre où nous l'avons localisé. Que si cette chapelle, à cause de ses proportions mesquines, devait être plutôt condamnée à périr que destinée à être réparée, il serait vivement à souhaiter qu'elle fût bientôt remplacée par un édifice plus vaste et plus digne tout à la fois de saint Louis et de la France, sanctuaire où chaque année, au moins le jour anniversaire de la mort de ce monarque, toute la colonie française de Tunis serait convoquée pour assister à un office solennel en l'honneur de ce patron vénéré de notre nation. »

Telles étaient les réflexions que l'aspect de ce monument m'inspirait en 1860. Depuis lors cet édifice est resté à peu près tel que je l'avais vu à cette époque. M*gr* Lavigerie, avant d'être nommé cardinal et archevêque de Carthage, avait songé à le reconstruire dans des proportions beaucoup plus majestueuses. Une fois promu au cardinalat et au siège archiépiscopal de Carthage, ce prélat a modifié ses projets en les agrandissant, et c'est maintenant une véritable cathédrale en l'honneur de saint Louis que, pour répondre aux désirs du souverain pontife et à ses propres aspirations, il a l'intention de bâtir sur le haut de Byrsa. Un prêtre d'un rare talent comme architecte, M. l'abbé Pougnet, a déjà tracé le plan et commencé à creuser les fondations de cette future basilique, qui promet d'être, si les ressources nécessaires ne font pas défaut, l'un des plus beaux monuments de l'Afrique septentrionale.

En attendant l'érection de cette cathédrale, Mgr Lavigerie a remplacé depuis plusieurs années les bâtiments qui formaient les dépendances de la chapelle par un vaste et magnifique établissement, dit de Saint-Louis. Il se compose d'un rez-de-chaussée, d'un premier étage couronné par d'admirables terrasses que bordent d'élégants créneaux. Le tout est exécuté dans un style mauresque de fort bon goût.

Cet établissement, beaucoup moins considérable dans le principe qu'il ne l'est maintenant, n'était, en 1876, qu'un simple orphelinat renfermant de jeunes nègres soudaniens, rachetés de l'esclavage par les Pères missionnaires d'Afrique, dans les postes qu'ils occupaient alors à Laghouat, à Metlili, à Ouargla et à Rhadamès; puis bientôt on éleva les belles constructions dont je viens de parler pour en faire un collège français.

Au mois de septembre 1880, les orphelins nègres, au nombre de vingt, furent transférés à la Marsa et de là à Malte, et, au mois d'octobre de la même année, eut lieu l'ouverture du collège français de Saint-Louis. On se proposait d'y donner une éducation solide et complète aux enfants des classes aisées de la régence, sans distinction de nationalité ni de religion. Parmi les premiers inscrits, je citerai avec des Français : le fils de M. Read, consul général d'Angleterre; quelques autres Anglais; le fils du général Bakkouch, ministre du bey; deux petits-fils de Thaïeb-Bey, frère du bey, et plusieurs notables israélites tunisiens. Ce collège, à peine né, fut aussitôt très goûté des élèves et des parents, grâce à son heureuse position, à la salubrité de la colline sur laquelle il reposait, à la commodité de son aménagement intérieur, et surtout au zèle et au dévouement des religieux éclairés qui le dirigeaient. Bien qu'il fût séparé de Tunis par un intervalle de treize kilomètres, les parents pouvaient néanmoins avec la plus grande facilité aller voir leurs enfants, à cause du chemin de fer qui relie ces deux points. En même temps, soustraits par cette distance même aux influences souvent funestes d'une grande ville, les élèves, dans cette sorte d'oasis chrétienne où ils n'avaient sous les yeux que d'excellents exemples, se trouvaient dans un milieu des plus favorables pour leur avancement moral et intellectuel.

Toutefois ce collège, en raison de son trop grand éloignement de la ville, ne pouvait admettre que des internes, et par conséquent, pour qu'il pût recevoir des externes et des demi-pensionnaires, et répondre ainsi aux désirs de beaucoup de familles, il fallait qu'il émigrât à Tunis. Après l'occupation de la Tunisie par nos troupes, le gouvernement français pressa lui-même de ses vœux et de ses conseils le transfert du collège Saint-Louis de Carthage dans la capitale de la régence, afin d'y répandre ainsi plus vite l'usage de la langue française, et de lutter avec plus d'avantage contre les efforts du collège italien, qui naturellement tendait à propager de plus en plus à Tunis la connaissance de la langue italienne, déjà si commune, et à contre-balancer, au moyen de cette langue et du nombre plus considérable de ceux qui la parlaient, l'influence toujours croissante de la France. Comme l'Italie avait aspiré à devenir maîtresse de la régence de Tunis, et qu'elle avait longtemps caressé ce rêve avec amour, il n'est point étonnant que, déçue dans son ambition, elle ait cherché par tous les moyens possibles, et en particulier par ses établissements d'instruction, à contrecarrer notre domination. Dans une pensée de patriotisme et d'intérêt national, et aussi pour satisfaire à de nombreuses demandes de la part des familles, les Pères de la mission d'Afrique abandonnèrent, quoique avec un vif regret, les précieux avantages dont ils jouissaient à Carthage, et Mgr Lavigerie, déployant alors une activité réellement prodigieuse, s'empressa d'acheter d'immenses terrains à Tunis et d'y construire le vaste collège Saint-Charles, dont il sera question ultérieurement. Il lui donna son propre nom, gardant pour les bâtiments de Carthage celui de Saint-Louis, qui semble comme attaché d'une manière indissoluble à la colline de Byrsa.

Pour en revenir à ce dernier établissement, à peine cessa-t-il d'être un collège, qu'il devint presque aussitôt, ce qu'il est encore maintenant, un scolasticat et un grand séminaire pour la Tunisie.

Le scolasticat est destiné à former des missionnaires, dits d'Alger ou d'Afrique, et le grand séminaire des prêtres séculiers qui seront appelés plus tard à desservir les paroisses de la Tunisie.

Le scolasticat compte actuellement trente religieux, tous Français, et le grand séminaire dix abbés seulement de toutes nations : Français, Italiens, Maltais. Comme ils aspirent tous aux fonctions du sacerdoce, les uns comme religieux, les autres comme prêtres séculiers, ils reçoivent des mêmes maîtres le même enseignement; mais s'ils sont réunis à la chapelle et en classe, ils sont séparés au dortoir, au réfectoire, en étude et en récréation. Les futurs missionnaires sont, en effet, soumis à une discipline plus austère que les simples clercs. J'ai remarqué, par exemple, que les lits des scolastiques consistent en une simple planche munie seulement d'une couverture; les lits des séminaristes, au contraire, sont garnis d'une paillasse, d'une couverture et d'une paire de draps. Les missionnaires se préparent ainsi, par une vie matérielle plus rude et plus élémentaire, aux privations de toutes sortes qui peuvent les attendre un jour dans les régions inhospitalières du Sahara ou de l'Afrique équatoriale. Ce sont des soldats du Christ qui s'habituent de bonne heure à se retrancher toutes les douceurs de la vie et qui se disposent à la lutte, à la pauvreté et à la souffrance. Ce n'est point sans une respectueuse émotion que j'ai contemplé les figures virginales et mâles en même temps de ces jeunes athlètes de la foi qui sont tous prêts, s'il le faut, à empourprer de leur sang, pour la plus grande gloire de Dieu et de la France, la robe blanche et sans tache dont ils sont revêtus. Le supérieur de l'établissement est le R. P. Viven, qui a daigné lui-même me le montrer dans ses moindres détails. C'est un religieux fort instruit, d'une physionomie fine et spirituelle, et qui joint à l'austérité du cloître une gaieté qui la rend aimable.

Deux des salles de la maison renferment un petit musée, composé d'une foule d'objets trouvés à Byrsa ou sur d'autres points de Carthage. Ce musée a été, en grande partie, formé par les soins du R. P. Delattre, religieux modeste et savant, passionné pour l'archéologie et d'une complaisance égale à son érudition. Nul ne connaît mieux que lui la topographie de l'ancienne Carthage, dont il explore sans cesse les ruines; nul ne fouille avec plus de perspicacité et d'intelligence le sein fécond de cette ville immense, qui, bien qu'exploitée depuis tant de siècles par les chercheurs de trésors et par les savants, réserve encore de nombreuses et intéressantes découvertes à ceux qui savent en sonder les mystérieuses profondeurs. Si la nature a repris ses droits sur la surface du sol, en la revêtant au printemps d'un riche tapis de fleurs champêtres là où elle n'est pas cultivée, ou de belles moissons partout où la charrue a passé, sous cette première couche extérieure gisent des ruines de l'époque chrétienne, qui recouvrent elles-mêmes des ruines romaines, lesquelles, à leur tour, se superposent à des ruines carthaginoises, les plus profondes de toutes, et ensevelies quelquefois sous six à sept mètres de débris postérieurs confusément accumulés.

Le musée de Carthage hérite journellement de toutes les trouvailles faites par le R. P. Delattre, et qui sont classées et étiquetées avec soin par cet habile archéologue dans les deux salles que j'ai mentionnées.

Indépendamment de celles-ci, le jardin planté d'arbres et d'arbustes qui entourent la chapelle Saint-Louis est tout entier rempli de fragments, d'inscriptions antiques, de statues plus ou moins mutilées et de débris de sculptures diverses. Ce jardin rappelle involontairement à l'esprit le bois sacré placé par les poètes autour du palais de Didon, dont M. Beulé a cru trouver quelques vestiges sur ce même plateau de Byrsa :

Urbe fuit media sacrum genitricis Elisæ,
Manibus et patria Tyriis formidine cultum,
Quod taxi circum et piceæ squalentibus umbris
Abdiderant [1].

Là également s'élevait jadis le temple d'Esculape, qu'environnait un magnifique péribole ou enceinte sacrée. La plupart des temples de l'antiquité, du moins les principaux et les plus inviolables, étaient ainsi entourés d'une puissante muraille, délimitant d'ordinaire un vaste espace rectangulaire dont ils occupaient eux-mêmes le

---

[1] Silius Italicus, *Punica*, l. I, v. 81.

centre. Tel était l'usage généralement pratiqué en Égypte et en Grèce; en Palestine, le temple de Jérusalem était de même enfermé dans un immense péribole construit avec des matériaux gigantesques.

Le temple d'Esculape à Carthage, étant un des plus saints de la ville, et servant en outre, dans certaines circonstances solennelles, de lieu de réunion pour les délibérations secrètes du sénat, devait être protégé et par l'inviolabilité religieuse dont le respect des masses l'entourait, et par la force matérielle d'une enceinte extérieure qui pût mettre ce sanctuaire, monument à la fois sacré et national, à l'abri des profanations ou d'un coup de main.

On sait qu'à l'époque de la prise et de la destruction de Carthage par Scipion Émilien, les ports et la ville étant tombés au pouvoir du vainqueur, Byrsa elle-même s'étant rendue, et les cinquante mille hommes, femmes et enfants qu'elle renfermait, l'ayant évacuée, le temple d'Esculape, situé au sommet de cette citadelle, tint bon encore quelque temps. C'est là que se retranchèrent les transfuges romains, au nombre de neuf cents. Ils étaient commandés par Asdrubal, qui, entraîné par l'amour de la vie et voyant que toute résistance était inutile, quitta furtivement sa femme, ses enfants et ses soldats, et courut, un rameau d'olivier à la main, se jeter humblement aux pieds de Scipion. Celui-ci montra aussitôt aux transfuges cet époux, ce père et ce guerrier pusillanime, qui ne rougissait pas de se déshonorer par une pareille lâcheté. Les transfuges, trahis par leur chef, mais non découragés par sa désertion, convaincus d'ailleurs que, pour eux-mêmes, il n'y avait rien à attendre de la pitié du vainqueur, conçurent, dans leur désespoir, une résolution héroïque: ils voulurent enlever à Scipion l'honneur de les forcer dans leur dernier asile, et, mettant le feu au temple où ils s'étaient retirés et où ils continuaient à se défendre, après avoir été contraints d'en abandonner le parvis, ils résolurent de s'ensevelir vivants sous les ruines de cet édifice, et d'échapper ainsi, par cette mort libre et volontaire, aux tortures qui leur étaient réservées.

C'est alors que la femme d'Asdrubal, qui, protégée par la faiblesse de son sexe et par sa maternité, aurait sans doute arraché du grand cœur de Scipion une compassion si méritée, se montra plus magnanime encore qu'eux tous, et, loin de fuir l'incendie qui allait la dévorer, s'y précipita elle-même avec ses deux enfants, après avoir prononcé d'éloquentes et sublimes paroles que l'histoire a recueillies et consacrées.

Une autre femme, immortalisée par Virgile,

avait dans ce même lieu, s'il faut en croire la poésie, péri sur un bûcher sept siècles auparavant. Cette femme, qui, sous le nom de Didon, a traversé tous les âges, et dont la passion et les tragiques malheurs semblent faire comme partie intégrante de l'histoire même de la fondation de Carthage, nous est représentée par Virgile succombant à la violence de son amour trahi, et se punissant elle-même par un trépas prématuré de l'ingratitude et de l'abandon d'Énée, oubliant qu'elle était reine et fondatrice d'empire, et que les soins de son État naissant réclamaient d'elle qu'elle survécût à l'infidélité du héros troyen.

Ainsi deux femmes, l'une à l'origine, l'autre à la chute de Carthage, nous apparaissent au sommet de Byrsa expirant dans les flammes; mais l'une, qui devait vivre pour le bonheur de ses sujets et pour le développement de la colonie qu'elle avait fondée, se tue parce qu'un amant étranger l'abandonne, dédaignant le cœur et le trône qu'elle lui offrait pour aller jeter sur les bords du Tibre les fondements de la ville qui doit un jour détruire Carthage. Avant de se donner le coup fatal sur le bûcher qui va la consumer, elle termine ses pathétiques imprécations par l'annonce prophétique du grand vengeur que l'avenir lui réserve dans la personne d'Annibal. L'autre s'immole également, elle et ses deux enfants; mais c'est pour ne pas survivre et les faire survivre eux-mêmes à sa chère patrie, dont elle a défendu jusqu'à la fin les derniers restes et le dernier sanctuaire. Elle meurt, et en mourant elle relève et emporte intact avec elle l'honneur du nom carthaginois, qu'Asdrubal, son mari, venait de flétrir par sa lâcheté.

Le temple qui fut le théâtre de cet héroïque dévouement, et qui fut alors détruit sans doute en grande partie, fut rebâti plus tard par les Romains, pour être de nouveau complètement renversé.

Il avoisinait, à l'époque romaine, le palais des proconsuls, dont on a déblayé quelques salles, et qui s'appuyait sur le mur d'enceinte du temple, mais à treize mètres plus bas, afin de ne pas masquer ce monument. Près de là également étaient le prétoire et les prisons publiques, où tant de généreux martyrs furent enfermés avant de comparaître devant le tribunal du proconsul.

En parcourant ce plateau célèbre, on est donc envahi à chaque pas par des souvenirs de toutes sortes, parmi lesquels un des principaux, surtout pour les Français, est celui de la mort de saint Louis, que l'on rattache ordinairement à cette acropole. Aussi Mgr Lavigerie, justement jaloux de la gloire de ce monarque et en même temps de la dignité de la France, qui doit au plus auguste de ses rois un éclatant témoignage de sa haute vénération, a-t-il convié tous les arts à honorer ce prince, auquel l'Église d'ailleurs a depuis longtemps accordé la plus belle couronne que puisse ceindre le front d'un simple mortel, en lui décernant le titre de saint. En attendant que la cathédrale dont j'ai parlé remplace le sanctuaire mesquin qui maintenant est dédié à ce souverain, Son Éminence a confié à M. l'abbé l'Alouette, peintre des plus distingués, le soin de reproduire par des fresques, dans une salle attenante au musée, les faits les plus mémorables relatifs à notre héros. Au plafond de la salle est déjà représenté l'apothéose du roi, reçu triomphalement dans le ciel; une seconde fresque, non encore achevée, nous fait assister à une bataille livrée par lui aux musulmans près de Tunis; une troisième, qui n'est pas commencée, nous rendra témoin de sa mort au milieu de son armée consternée.

Ainsi ce sont deux ecclésiastiques qui, l'un comme architecte, l'autre comme peintre, associent ensemble, sous les auspices et la haute direction du cardinal Lavigerie, leur talent, leur patriotisme et leur dévouement pour glorifier, autant qu'il est en leur pouvoir, la mémoire de saint Louis.

Je ne veux pas quitter le plateau de Byrsa et

l'enceinte des vastes bâtiments du grand séminaire et du scolasticat, sans dire qu'un dispensaire muni d'une pharmacie est adjoint à cet établissement. Là, au rez-de-chaussée, dans une chambre spéciale, tous les malheureux des environs qui ont des plaies à faire soigner ou des remèdes à demander viennent chercher des soins, des médicaments ou des conseils, qui leur sont toujours accordés gratuitement par un des Pères missionnaires d'Alger. Le Père Delattre et plusieurs autres de ses confrères ne dédaignent pas de se faire alors infirmiers volontaires. Mgr Lavigerie, en effet, tient à ce que tous ses missionnaires soient initiés aux connaissances les plus usuelles de la médecine, et même à quelques-unes des opérations les plus élémentaires de la chirurgie, afin de pouvoir soigner en cas de besoin ceux qui souffrent, et de préparer de la sorte, au moyen de services matériels rendus aux corps, le rapprochement des esprits et des cœurs, et plus tard celui des âmes.

Descendons maintenant de la colline de Byrsa, qui domine la mer d'environ soixante-quatre mètres, pour gravir vers le nord une autre colline voisine, un peu plus basse, où s'élevait, selon les uns, le temple de Junon Céleste, et, selon d'autres, celui de Saturne.

On sait que le temple de Tanith ou d'Astarté,

la Junon Céleste des Latins, était l'un des sanctuaires les plus célèbres de toute l'Afrique. Il se maintint en grand honneur, malgré les efforts et les éloquentes remontrances des évêques de Carthage, presque jusqu'au milieu du v⁰ siècle de l'ère chrétienne. En 421 enfin, sous l'empereur Constance, pour extirper, s'il était possible, le culte si vivace et trop souvent souillé par de honteuses pratiques de cette impure divinité, ce temple fut rasé de fond en comble et son enceinte convertie en cimetière.

D'un autre côté, le temple de Saturne à Carthage était fameux dans l'antiquité par les sacrifices humains que l'on y offrait. Suivant Diodore[1], la statue de ce dieu était d'airain et faite de manière à laisser rouler dans un gouffre embrasé les enfants que l'on déposait dans ses mains.

Un passage de Tertullien[2] affirme que ces meurtres superstitieux et barbares, quoique abolis officiellement, étaient encore pratiqués en secret de son temps.

Que la colline dont je parle ait supporté les assises du temple de Tanith ou qu'elle ait servi de base à celui de Saturne, toujours est-il qu'aujourd'hui Mgr Lavigerie vient d'y établir une communauté de carmélites. Neuf religieuses

[1] xx, 14.
[2] *Apologétique*, ch. xviii.

appartenant à cet ordre austère y habitent depuis peu une maison arabe appropriée à leur usage. Dans la chapelle du nouveau couvent on remarque de beaux vitraux peints représentant saint Cyprien, sainte Monique et saint Augustin, auxquels doivent répondre en face des peintures à fresque imitant des vitraux et figurant sainte Félicité et sainte Perpétue. Dans le fond de l'abside, au-dessus de l'autel, on voit la fidèle copie d'un tableau renommé de la Vierge et l'enfant Jésus qui se trouve à Malte dans un village appelé *la Melleha,* où il est le but de nombreux pèlerinages, et passe pour être un original de saint Luc. A droite et à gauche, le peintre a placé saint Paul et saint Luc, son disciple, en souvenir de leur séjour dans l'île de Malte. Enfin, plus haut, une autre fresque nous montre le Père éternel assistant à la tenue d'un concile général. Toutes ces peintures émanent du fécond et élégant pinceau de M. l'abbé l'Alouette. Ainsi, à la place des sacrifices abominables qui s'accomplissaient en cet endroit, où tant d'innocentes victimes ont péri, si nous sommes sur le site du temple de Saturne, ou bien des cérémonies infâmes qui déshonoraient cette colline, si elle était dédiée à Junon Céleste, l'Astarté des Phéniciens, de saintes vierges consacrées au Seigneur vont expier, par une vie vouée tout entière à la mortification et à la pénitence, les crimes qui ont souillé ces lieux, et attirer les bénédictions du Ciel sur la nouvelle Carthage, qui renaît actuellement de ses cendres, et sur la France, qui, par les dons de ses enfants, concourt à la restauration de cette cité.

Sur l'emplacement qu'occupait la Carthage antique, cinq villages sont maintenant dispersés. Ce sont ceux de la Malga, de la Marsa, de Sidi-Daoud, de Sidi-Bou-Saïd et de Douar-ech-Chott. Ces villages, aujourd'hui séparés par de vastes champs qui ont succédé à des quartiers jadis très peuplés, sont destinés peut-être un jour à se rapprocher et à se réunir autour de Byrsa pour former de nouveau une grande ville dont la cathédrale Saint-Louis sera comme le centre.

Le village de la Malga est bâti au milieu des immenses citernes d'Adrien, dans l'ancien quartier des Mappales. Près de là on distingue les restes de l'amphithéâtre dont il est souvent question à l'époque des persécutions sanglantes que subit plus d'une fois l'Église de Carthage.

Il faut lire dans Ruinart[1] les pages admirables où sont racontées les morts glorieuses de tant d'héroïques champions de la foi, hommes et femmes, qui ont scellé de leur sang en ce lieu leurs croyances religieuses.

---

[1] *Acta primorum martyrum.*

« Ces ruines, dit Mgr Lavigerie[1], appartenaient à la grande mosquée. Le bey, à qui je fis part de mon désir, donna l'autorisation de les vendre. Elles sont à moi. Combien je voudrais être assez riche pour y élever un monument, une chapelle, à la mémoire de Perpétue, de Félicité, et de tant de saints martyrs ! Combien je voudrais qu'à mon défaut quelque généreux chrétien, sous les yeux duquel viendront ces lignes, voulût du moins le faire ! Je m'empresserais de tout lui céder. J'en dis autant des lieux consacrés par la mort et par la sépulture de saint Cyprien. Reconstruirons-nous jamais sur cette place la basilique où saint Augustin a prêché le panégyrique de saint Cyprien, que nous avons encore, et qui est dès lors pour nous doublement sacré ? Un autre vœu que je forme, parmi tant d'autres vœux semblables, est celui de consacrer sur le bord de la mer un autel à sainte Monique, là où s'élevait sans doute, pour les mariniers chrétiens dont il était le patron, un oratoire de saint Cyprien, cet oratoire où elle versa tant de larmes le jour de la fuite de son fils. J'ai encore acheté l'emplacement de cette scène mémorable. Est-ce qu'un jour une mère chrétienne, une de ces mères qui ont pleuré sur leur Augustin, ne se sentira pas

[1] *Annales de la Propagation de la foi*, mai 1885, pp. 199 et 200.

inspirée d'élever là une chapelle aux larmes de sainte Monique? Que d'autres souvenirs, non moins vénérables, épars un peu partout à Carthage! Je voudrais qu'un jour, comme à Rome, comme à Jérusalem, chacun d'eux fût marqué par un monument de la piété chrétienne. »

Plaise à Dieu que tôt ou tard ces pieux désirs, si éloquemment exprimés, de l'éminent archevêque puissent se réaliser !

En attendant, Mgr Lavigerie ne se borne pas à des souhaits stériles; mais, en plusieurs endroits, il achète des terrains et bâtit.

Ainsi, près de la Marsa, village où le bey réside la plus grande partie de l'année, et où presque tous les consuls ont leurs villas d'été, il s'est fait construire pour lui-même un palais archiépiscopal. Ce palais, qui date de 1882, est entouré d'un bel enclos bien cultivé. De ses terrasses, que dentellent gracieusement sous l'azur du ciel des créneaux mauresques, on jouit d'une vue très étendue sur Carthage et sur la mer. On y remarque plusieurs vastes salons et une bibliothèque, riche surtout en ouvrages ecclésiastiques. Mgr Lavigerie a cru devoir déployer un certain luxe dans la construction de cette résidence, parce qu'il voulait la rendre digne de la France et de l'Église, dont il est dans l'Afrique le plus haut représentant religieux, digne aussi de toutes les autorités diverses avec lesquelles, dans certaines circonstances solennelles, il a à entretenir des relations administratives.

A quelques pas de ce palais est une habitation beaucoup plus modeste où demeurent les ecclésiastiques qui lui sont plus spécialement attachés. J'ai eu le bonheur d'y rencontrer le R. P. Toulotte, dont j'avais fait la connaissance l'année dernière à Jérusalem, lorsqu'il dirigeait dans cette ville l'établissement de Sainte-Anne, et dont j'avais conservé un si excellent souvenir. Ce jeune missionnaire, à peine âgé de trente-trois ans, est déjà versé dans la plupart des langues de l'Orient. D'une érudition très variée, après avoir approfondi à Jérusalem, pendant le séjour qu'il y a fait, toutes les traditions relatives à la cité sainte, il prépare maintenant dans sa solitude de la Marsa, avec une ardeur et une patience infatigables, les matériaux d'une étude très détaillée sur l'Église d'Afrique. Cet ouvrage, auquel Mgr Lavigerie mettra sans doute plus tard l'empreinte de son grand style, sera un véritable monument élevé en l'honneur de l'une des Églises les plus célèbres du monde. De cette manière, tandis que le R. P. Delattre exhume sans cesse du sol quelques nouveaux débris de l'ancienne Carthage, et contribue grandement pour sa part à la réapparition de ses restes échappés au temps et aux barbares, un de ses confrères, le R. P. Toulotte, puise, de son côté, dans la lecture assidue et méthodique de tous les auteurs qui remplissent la bibliothèque de Mgr Lavigerie, les divers documents qu'ils peuvent lui fournir sur l'histoire religieuse de cette illustre métropole de l'Afrique et des nombreux évêchés qui en dépendaient.

Dans le village même de la Marsa, où vivent mêlées aux musulmans un certain nombre de familles chrétiennes et israélites qui tendent à s'accroître de plus en plus, Mgr Lavigerie a créé une école tenue par quatre sœurs, dites de Notre-Dame d'Afrique. C'est un ordre qu'il a fondé en Algérie, et dont la maison mère est sur le mont Bouzaréah, près d'Alger, au-dessus du sanctuaire de Notre-Dame d'Afrique et du séminaire Saint-Eugène. Cette maison mère renferme maintenant une trentaine de novices qui, dans le recueillement, l'étude et la prière, se préparent aux saintes et laborieuses fonctions auxquelles elles se destinent. L'école de la Marsa, tenue par quatre de ces sœurs, date du mois d'octobre 1882. Elle compte actuellement trente-quatre élèves, vingt-quatre petites filles de cinq à quatorze ans, et dix petits garçons de cinq à sept ans. Ces enfants sont d'origine maltaise, italienne ou israélite. Une des sœurs, la supérieure, est spécialement chargée du soin des malades, des infirmes ou des blessés qui viennent recourir à son expérience ou à sa charité. L'église du village est des plus humbles, comme l'école; elle a été ouverte en 1883 et sera rebâtie plus tard dans des dimensions plus grandes. Ce village, en effet, est appelé à devenir une bourgade considérable, à cause de son heureuse position, de la fertilité de son sol, du grand nombre de villas qui y sont construites et de la présence presque habituelle du bey, qui semble avoir abandonné complètement son palais du Bardo pour habiter celui qu'il possède à la Marsa.

Indépendamment de cette école qui est pour tous, Mgr Lavigerie a fondé dans le voisinage de sa propre résidence deux orphelinats chrétiens, l'un pour les garçons, l'autre pour les filles des Européens; ils n'attendent plus tous deux que leurs hôtes.

Tels sont les principaux établissements religieux que ce prélat a déjà élevés sur l'emplacement de l'antique Carthage. On voit qu'il a déployé une activité merveilleuse pour essayer de redonner sur certains points quelque vie à cette ville, qui depuis tant de siècles dort dans son sépulcre. En cela il se montre fidèle à la mission que son titre d'archevêque lui impose; en outre il s'efforce de répondre, autant qu'il le peut, aux grandes vues du souverain pontife, qui n'a ressuscité le siège primatial de cette fameuse cité que dans l'espérance de contribuer de la sorte à la tirer elle-même du tombeau et à préparer sa restauration future.

TUNIS

Carthage est la ville des ruines et des souvenirs, du silence et de la méditation. Après avoir, presque dès son berceau, fondé de nombreuses colonies; après avoir soumis à ses lois une grande partie de l'Afrique septentrionale, dont elle devint la capitale, elle aspira non seulement à être la dominatrice des mers par ses flottes et par ses comptoirs, mais encore à disputer à Rome l'empire du monde. Pendant longtemps tous les échos des contrées que baigne la Méditerranée retentirent du bruit incessant de sa lutte avec sa mortelle ennemie. Enfin, l'an 146 avant Jésus-Christ, elle succomba sous les coups de Scipion Émilien et fut renversée de fond en comble. Relevée par Jules César, elle était déjà redevenue sous Auguste la cité la plus importante de l'Afrique. Au IIIe et au IVe siècle de notre ère, elle égalait presque en splendeur son ancienne rivale. Les lettres latines y florissaient avec le plus grand éclat, comme le témoignent les écrits d'Apulée, d'Arnobe, de Tertullien, de saint Cyprien et de saint Augustin. Plus de quarante conciles y furent tenus, conciles auxquels assistaient de nombreux évêques et où les plus graves questions qui puissent intéresser l'humanité furent souvent traitées. Subjuguée par les Vandales l'an 439, conquise par Bélisaire, général de Justinien, en 533, elle joua encore sous la domination byzantine un rôle considérable; mais l'an 689 elle tomba au pouvoir des Arabes commandés par Hassan, gouverneur de l'Égypte, et fut livrée par eux aux flammes et rasée. Depuis cette époque, ce n'est plus qu'une cité morte dont les ruines mêmes disparaissent de jour en jour davantage, et qui sommeille dans une léthargie profonde en attendant que, sous le souffle vivifiant de la papauté et de ses nouveaux archevêques, elle finisse par se réveiller ou plutôt par renaître de ses cendres.

Tunis, au contraire, est la ville du bruit et du mouvement, du commerce et de l'industrie; c'est depuis des siècles déjà la capitale de la contrée qui jadis comprenait les deux provinces de la Byzacène et de l'Afrique proprement dite.

Antérieure en date, selon Justin, à Carthage elle-même; d'après d'autres historiens, contemporaine de cette ville, fondée comme elle par une colonie phénicienne, elle dut à son voisinage de la cité de Didon, dont elle n'était en quelque sorte qu'un faubourg, d'être entraînée constamment dans l'orbite de cette grande métropole et de subir toutes les péripéties de ses diverses destinées. Les annales de l'une se confondent donc avec celles de l'autre, du moins jusqu'à la conquête arabe; car tandis qu'alors Carthage fut anéantie, Tunis resta debout et prit même peu à peu une nouvelle importance quand elle eut succédé, l'an 281 de l'hégire (898 de J.-C.), à la ville de Kairouan pour être la résidence des différents maîtres du pays. Plusieurs de ceux-ci se plurent à l'embellir tour à tour, en l'enrichissant des dépouilles de la grande cité détruite près de laquelle elle s'élève. C'est ainsi que la plupart de ses mosquées, quelques-uns de ses palais et même un certain nombre de ses maisons, sont ornés intérieurement de colonnes de marbre ou de granit arrachées aux monuments sacrés ou profanes de l'antique Carthage.

La position de Tunis est, du reste, très avantageuse. Située à sept cent vingt kilomètres au sud de Marseille, à six cents kilomètres à l'est d'Alger et à quatre cent quarante kilomètres à l'ouest-nord-ouest de Tripoli de Barbarie, elle occupe une espèce d'isthme compris entre deux lacs : l'un, à l'est, appelé par les Européens lac de Tunis et par les indigènes El-Bahira ou la Petite-Mer, et qui communique au moyen d'un canal avec la Méditerranée; l'autre, au sud-ouest, qui porte le nom de Sebkha-es-Sedjoumi.

Les Arabes comparent Tunis, pour la forme, à un burnous étendu dont la Kasbah serait le capuchon. Alexandrie, en Égypte, était de même comparée par les Grecs à une chlamyde.

Cette Kasbah ou citadelle, entourée de hautes murailles crénelées, sert actuellement de caserne à nos troupes et protège à l'ouest la ville, dont elle couvre le point culminant.

Mais je n'ai point à décrire ici de nouveau la fleur de l'Occident, épithète que les musulmans se plaisent à donner à Tunis, bien qu'intérieurement et vue de près elle ne réponde guère à l'idée que l'imagination s'en forme, quand on la considère de loin et dans son ensemble. Laissant donc de côté la ville proprement dite avec ses mosquées, ses bazars, ses fondouks, ses rues étroites et mal pavées, ses faubourgs et ses forts détachés, je vais aujourd'hui appeler de préférence l'attention du lecteur sur les divers établissements religieux que la France y a fondés et y patronne, car c'est là le but que je me propose en ce moment. Je me bornerai à dire seulement que depuis 1860, et surtout depuis l'occupation française, Tunis s'est singulièrement agrandie. Elle a commencé à détruire une partie des murailles qui l'étreignaient dans une enceinte trop étroite, et elle déborde maintenant de toutes parts en dehors de ses anciennes limites. Il en est de même de ses faubourgs, qui prennent des accroissements considérables.

Il y a vingt-cinq ans, sa population était de quatre-vingt-dix mille habitants, répartis de la manière suivante : soixante mille musulmans, vingt mille juifs, dix mille chrétiens. Actuellement elle se monte à cent vingt-cinq mille habitants, dont soixante-dix mille musulmans, trente mille juifs et vingt-cinq mille chrétiens, Français, Italiens, Maltais, etc.

Pour satisfaire aux besoins moraux et intellectuels des nombreux colons européens qui y affluent, il fallait créer de nouvelles églises et de nouvelles écoles. C'est ce que Mgr Lavigerie a parfaitement compris, et ce à quoi il a travaillé de toutes ses forces avec une activité extraordinaire.

Une cathédrale provisoire avec toutes ses dépendances a été bâtie sur l'avenue de la Marine. Située en dehors de l'ancienne ville, elle

Tunis.

servira plus tard de point central aux nouveaux quartiers que l'on est en train de construire, et qui sont presque exclusivement habités par des Européens. Elle date de l'année 1881 ; et, comme on était contraint de pourvoir au plus vite à des nécessités urgentes, elle a été improvisée, pour ainsi dire, en deux mois et demi avec une rapidité sans égale.

Telle qu'elle est, elle peut contenir douze à quinze cents personnes. Les offices s'y célèbrent avec beaucoup de dignité et même quelquefois avec une certaine pompe, grâce au zèle et au dévouement intelligent de M. l'abbé Cazaniol, curé-archiprêtre, qui avec quatre vicaires administre cette importante paroisse. La maîtrise est dirigée par un prêtre habile dans la musique religieuse. Elle consiste en une vingtaine d'enfants français, italiens et maltais, dont plusieurs se distinguent par l'étendue et par la beauté de leurs voix. C'est dans cette église que, toutes les principales fêtes de l'année, M. le ministre résident de France et tous les attachés du consulat français assistent à la messe, en grand uniforme, comme les représentants du catholicisme en Tunisie, ce pays étant sous le régime du protectorat chrétien de la France. Tandis qu'en Algérie les autorités civiles ne participent plus officiellement à aucune des cérémonies du culte catholique, et que souvent même elles se montrent très hostiles au clergé, dans la régence de Tunis, le ministre résident et le consul de France doivent, au contraire, à certains jours de l'année, témoigner publiquement, par leur présence à la cathédrale, qu'ils sont les fidèles adorateurs du Christ et les protecteurs officiels de la religion catholique, qui est la seule religion nationale de la France à l'étranger.

Avant l'occupation du pays par nos troupes, bien que les Italiens et les Maltais y fussent beaucoup plus nombreux que les Français, c'était déjà néanmoins le consul général de France, et non le consul italien ou anglais (Malte appartenant à l'Angleterre), qui les protégeait en tant que chrétiens. Or l'une des marques les plus visibles et les plus populaires de ce patronage religieux de la France, c'était et c'est encore, dans certaines circonstances solennelles, la réunion des autorités françaises au pied de l'autel catholique. Si ces autorités s'abstenaient d'y paraître, les Italiens et les Maltais tourneraient leurs yeux et leurs espérances vers leurs consuls respectifs, et, renonçant au protectorat chrétien de la France, regardée par eux comme infidèle à sa mission, ils habitueraient aussi les musulmans à n'en tenir aucun compte. C'en serait fait alors de notre prépondérance séculaire dans toutes les questions qui intéressent la religion, c'est-à-dire dans les questions vitales par excellence. Mais j'ai hâte de le dire, les choses n'en sont pas là, et M. Cambon, le ministre résident actuel de France à Tunis, fidèle aux traditions de ses prédécesseurs, considère comme l'un de ses plus importants devoirs celui de défendre les intérêts religieux de tous les chrétiens qui habitent la régence.

Lors de mon arrivée à Tunis, dans les deux visites que j'ai eu l'honneur de faire à ce haut fonctionnaire, qui m'accueillit chaque fois avec la courtoisie la plus parfaite en m'accordant la permission d'aborder avec lui les questions les plus délicates, je lui demandai sans détour si les choses se passaient maintenant en Tunisie comme autrefois, c'est-à-dire si le protectorat catholique et officiel de la France n'avait pas subi d'altération, et si le gouvernement français n'inclinait pas peu à peu à appliquer à la Tunisie le système qui prévaut en Algérie, et qui depuis longtemps non seulement n'est plus favorable, mais même se montre hostile à l'expansion du catholicisme dans cette contrée. Il me répondit de la manière la plus formelle que la Tunisie était toujours soumise au système du protectorat catholique de la France, et que, pour lui, il regardait comme l'une de ses obligations les plus sacrées celle de soutenir les établissements religieux qui y sont ou pourraient y être fondées. La même réponse m'a été faite par M. Patin, consul de France dans cette ville, qui me reçut également de la manière la plus gracieuse et la plus franche; et j'eus le bonheur, le jour de Pâques, de voir ces deux fonctionnaires assister officiellement à la grand'messe qui fut célébrée à la cathédrale. Dans leurs personnes c'était la France elle-même qui, en ce moment-là, faisait publiquement à Tunis acte de fille aînée de l'Église et qui professait hautement le catholicisme. Ce spectacle, dont j'avais souvent été témoin depuis trente-cinq ans dans différentes villes de l'empire ottoman, et notamment à Jérusalem, m'émut profondément, et je me dis en moi-même que tant que la France ne répudierait point au dehors les traditions religieuses qui autrefois avaient fait sa force et sa grandeur, et qu'elle continuerait à être la patronne du catholicisme à l'étranger, sa mission civilisatrice et providentielle n'était point finie, et que par conséquent elle pouvait toujours s'appeler la première des nations chrétiennes qui existent dans le monde.

Non loin de la cathédrale provisoire dont je viens de parler, on remarque le presbytère, les bureaux de la chancellerie épiscopale et la résidence de Mgr Grussenmeyer, vicaire général et administrateur délégué du diocèse pendant l'absence du cardinal. C'est un esprit fin, prudent et éclairé, de manières distinguées, et à l'extrême bienveillance duquel je dois plus d'un renseignement précieux.

Quant à la cathédrale définitive, le terrain où elle doit s'élever en face du collège Saint-Charles appartient déjà à Mgr Lavigerie. M. l'abbé Pougnet, de son côté, en a depuis longtemps tracé le plan sur le papier; mais, avant de commencer à faire surgir du sol les premières assises de ce vaste édifice, il est préalablement nécessaire de réunir des fonds considérables, sans lesquels une pareille entreprise ne pourrait qu'avorter. Or, malheureusement, ces fonds sont loin d'être actuellement entre les mains du cardinal, et il faudra ajourner encore cette construction importante, qui sera l'un des plus beaux ornements de la ville nouvelle.

Dans le cœur de la ville ancienne, la paroisse latine, connue sous le nom de Sainte-Croix, date de 1837, et a été bâtie par les R. P. capucins sur l'emplacement de l'hôpital et de la chapelle des trinitaires. On sait que, vers la fin du xiie siècle et le commencement du xiiie, se formèrent deux grandes institutions, destinées à secourir et à racheter les esclaves chrétiens dans le Maroc, en Algérie, en Tunisie et en Tripolitaine.

L'ordre des trinitaires, fondé en 1198 par deux

Français, saint Jean de Matha et saint Félix de Valois, puis l'ordre de la Merci, créé en 1218 par un autre Français, saint Pierre Nolasque, se dévouèrent complètement à cette œuvre, et, en moins de six siècles, rachetèrent avec les aumônes de la chrétienté plus d'un million d'esclaves. Or le couvent actuel des Pères capucins passe pour remplacer l'ancienne maison des trinitaires de Tunis. Leur église, divisée en trois nefs, a été agrandie et réparée dans ces dernières années, et il ne subsiste plus aucune trace de l'incendie qui a failli la dévorer récemment. Elle est administrée par trois Pères, l'un Maltais et les deux autres Italiens, et elle a succédé à l'ancienne paroisse, beaucoup plus petite, qui forme la chapelle actuelle des frères des Écoles chrétiennes.

En visitant le couvent des R. P. capucins, j'ai salué les cellules et la mémoire de deux vénérables religieux que j'y avais connus en 1860.

L'un était le P. Anselme, capucin français, qui était attaché en qualité de vicaire général et de chancelier à la personne de Mgr Sutter; l'autre était Mgr Sutter lui-même.

Le P. Anselme habitait déjà la régence depuis longtemps quand je le vis, il y a vingt-cinq ans. Instruit, actif et avisé, il avait une rare expérience des hommes et des choses du pays.

Mgr Fedele Sutter, originaire de Ferrare, avait

été envoyé à Tunis, en 1841, par le pape Grégoire XVI avec le titre de préfet apostolique; bientôt après, il fut revêtu de celui de vicaire du saint-siège, et, le 29 septembre 1844, il fut élevé à la dignité d'évêque de Rosalia *in partibus*. Quand j'eus l'honneur d'être reçu par lui, c'était un beau vieillard encore vert, d'une taille et d'une mine imposantes. Ensuite, affaibli par l'âge et par les infirmités, il demanda au saint-siège la permission de se retirer: ce qu'il obtint enfin, au mois de février 1881, après quarante ans d'apostolat. Il avait alors quatre-vingt-quatre ans. Il avait présenté pour sa succession les noms de trois religieux de son ordre sur lesquels se faisaient les informations d'usage, lorsque arriva l'occupation de la régence.

« Le gouvernement français, qui venait de prendre le protectorat, dit Mgr Lavigerie[1], intervint auprès du saint-siège et lui représenta qu'une situation nouvelle exigeait un clergé nouveau. Il demanda la nomination d'un prélat français au lieu de celle d'un des religieux italiens dont les noms avaient été proposés. Le voisinage d'Alger, et le fait que j'avais déjà fondé un établissement à Saint-Louis de Carthage, portèrent sur moi les vues du saint-siège. J'obéis au vicaire de Jésus-

---

[1] *Annales de la Propagation de la foi*, mai 1885, p. 175.

Christ et aux désirs du gouvernement, et j'acceptai sans me faire illusion sur les embarras de cette charge nouvelle. La situation provisoire créée par cette décision du souverain pontife a duré trois années. Pendant ce temps, les puissances se sont accordées, le gouvernement tunisien a accepté sans arrière-pensée les conséquences pratiques du protectorat, la France s'est trouvée définitivement établie dans le pays, et avec elle la liberté chrétienne. Les œuvres catholiques se sont multipliées et ont pu fournir les éléments nécessaires à la vie d'un diocèse. C'est alors que le souverain pontife a cru devoir couronner l'œuvre qu'il avait commencée. Dans le consistoire du 10 novembre dernier, il a rendu publiques la bulle et l'encyclique mémorables par lesquelles il daigne rétablir l'archevêché de Carthage. »

L'honneur d'avoir fondé dans la capitale de la régence la première école française appartient à M. l'abbé Bourgade, qui, vers 1840, y créa le collège Saint-Louis. Ce prêtre zélé et instruit, auteur d'un ouvrage fort estimé intitulé *les Soirées de Carthage*, est mort depuis plusieurs années, très regretté de tous ceux qui l'ont connu et qui ont pu apprécier son immense amour du bien et toutes ses sérieuses qualités. Son collège, qui avait rendu de grands services, est mort également avant lui, et les frères ont hérité de ses élèves.

Dès 1853, Mgr Fedele Sutter avait déjà demandé pour Tunis des frères des Écoles chrétiennes ; mais le manque de sujets dans leur institut n'avait pas alors permis d'accéder aux désirs de ce prélat. Cinq frères furent enfin envoyés le 22 octobre 1855, quatre pour régenter les classes et un pour la direction. Quatre classes furent ouvertes dans le local actuel de l'école centrale. Outre sa proximité de l'église de la mission, ce local avait l'avantage de posséder l'ancienne paroisse des chrétiens libres de Tunis. Les quatre classes furent divisées en deux sections formant deux écoles : l'une, dite française, parce que l'enseignement s'y faisait en français ; et l'autre, dite italienne, parce que l'on y enseignait en italien. Les élèves de l'école française devaient payer une faible rétribution, les autres venaient gratuitement.

Le jour de l'ouverture, le nombre des élèves réunis fut de soixante. Ce chiffre croissant tous les jours, un sixième frère arriva en 1856, puis un septième et un huitième. L'école gratuite fut ensuite transférée rue Sidi-Mordjani. En 1867, le nombre des élèves de l'école française était de cent trente-neuf et celui des élèves de l'école gratuite de cent quarante-huit : total deux cent quatre-vingt-sept, dont vingt-sept Français, quatre-vingt-un Italiens, cent dix-huit Maltais, deux Autrichiens, onze Grecs, quarante-six juifs et deux musulmans.

Le gouvernement italien jugea bientôt à propos d'établir, de son côté, une école à Tunis. Il obtint un terrain du bey, et fit bâtir près de son consulat l'école qui existe encore aujourd'hui.

En même temps Mgr Fedele Sutter agrandit l'école centrale des frères en achetant une vieille maison attenante qui fut rasée, et sur l'emplacement de laquelle on construisit deux classes. Cette adjonction permit de rendre au culte l'ancienne paroisse des chrétiens libres qu'auparavant, faute d'un local suffisant, on avait dû malheureusement convertir en une salle d'étude. C'est actuellement la chapelle de l'école; elle est consacrée à l'Immaculée Conception. La restauration de cette petite église, simple oratoire des plus primitifs et des plus modestes, mais qui rappelait de pieux souvenirs, fut accueillie avec bonheur par les frères, par les élèves et par les parents, dont les plus âgés avaient la consolation de retrouver là la paroisse de leur premier âge, celle où ils avaient été baptisés et où ils venaient, sous la protection du consul de France, assister aux cérémonies de leur culte.

En 1875, une médaille de bronze fut accordée

à l'école des Frères de Tunis; en 1876, ils obtinrent une médaille d'argent et, en 1878, un diplôme de participation à la médaille d'or qui fut cette année-là décernée à l'Institut des frères.

En 1879, le gouvernement italien ayant augmenté de six mille francs le secours annuel qu'il accordait déjà à ses écoles en Tunisie, le gouvernement français, de son côté, remit, en 1880, la même somme aux frères de Tunis, qui profitèrent de ce don pour ouvrir de nouvelles classes, faire venir de France de nouveaux maîtres tirés de leur institut, et répandre l'usage de la langue française dans leur école gratuite, où auparavant c'était la langue italienne qui régnait presque sans partage.

Cette année-ci, les frères, dans leurs trois écoles de Tunis, savoir : l'école centrale ou de l'Immaculée-Conception, l'école de la rue Sidi-Mordjani ou de Saint-Cyprien et l'école de Bab-el-Djezira ou de Sainte-Lucie, comptent quarante-quatre Français, deux cent trente-deux Italiens, cent cinquante-cinq Maltais, onze Grecs, dix-neuf israélites, quatre musulmans : au total quatre cent soixante-cinq enfants. La première école renferme quatre classes, la seconde quatre également, la troisième deux seulement.

Le supérieur de ces trois écoles est le frère Angel Pierre, qui habite la Tunisie depuis vingt-sept ans. Dévoué à tous ses devoirs, sage et prudent, de formes douces et polies, il jouit dans la ville de l'estime générale. J'ai été heureux de revoir cet excellent et modeste religieux, dont j'avais commencé la connaissance en 1860. Il a bien voulu m'accompagner lui-même dans la visite minutieuse que j'ai faite de ces trois écoles et de celle de la Goulette.

La première école ou école centrale, dans la rue dite Bab-et-Thouïla, est la plus importante de toutes; puis vient celle de la rue Sidi-Mordjani, et enfin celle qu'on appelle Bab-el-Djezira et par abréviation Bab-ez-Zira. Celle-ci, établie il y a peu de temps dans la rue de ce nom, contient dans l'une de ses deux salles une petite chapelle qui, les dimanches et les jours de fêtes, sert de paroisse provisoire aux habitants du quartier.

Les enfants qui la fréquentent sont, pour la plupart, de pauvres petits Italiens originaires de la Sicile, qui ne savent absolument rien quand ils arrivent, et qu'il faut complètement dégrossir. Ils appartiennent, en effet, presque tous à des familles extrêmement misérables et dépourvues d'éducation. Aussi j'ai plus d'une fois admiré la patience de leurs maîtres et la résignation avec laquelle ils poursuivent, sans se plaindre et sans se décourager, leur ingrate et dure mission.

En somme, les frères des Écoles chrétiennes

sont à Tunis ce que je les ai vus dans tout l'empire ottoman, à Constantinople, à Smyrne, à Caïffa, à Jaffa, à Jérusalem, à Alexandrie, au Caire et ailleurs, les humbles, mais dévoués et infatigables propagateurs de la langue et des idées françaises. Que l'on calcule, en effet, le nombre énorme d'enfants de toute classe, de toute religion, de toute nationalité, qu'ils ont instruits et élevés dans les villes que je viens de nommer et dans beaucoup d'autres encore, et l'on reconnaîtra aussitôt qu'ils sont au milieu des pays musulmans nos meilleurs agents pour la diffusion de notre langue et en même temps de notre bienfaisante influence. Ils contribuent pour leur part singulièrement à faire aimer et estimer la France.

Ce que je dis des frères, je le dis également et avec un motif encore de plus des sœurs de Saint-Joseph de l'Apparition, qui, à l'enseignement et à l'éducation de l'enfance, joignent l'exercice de la charité envers les malades et les infirmes.

C'est en 1832 que Mme la baronne de Vialar jeta les fondements de cet ordre. Cette société prit naissance dans le diocèse d'Alby, où elle se dévoua d'abord aux œuvres chrétiennes de ce diocèse; puis Mme de Vialar, émue du récit des souffrances de nos soldats et de nos colons en Algérie, conçut le généreux projet de leur venir en aide. Elle partit donc pour ce pays, où elle consacra sa fortune à la création de plusieurs établissements religieux. Plus tard, à la suite des diverses difficultés qu'elle rencontra et dont il est inutile de parler ici, elle alla avec ses sœurs, en 1840, porter son dévouement à Tunis, où, comme en Algérie, elle fut la première à travailler par l'instruction et par la charité au défrichement de ce champ si longtemps inculte du Père de famille. Elle y commença immédiatement son œuvre de civilisation chrétienne, en ouvrant des cours pour les enfants des différentes classes de la société. Elle loua à cet effet et à ses frais une maison dans le quartier européen, créa bientôt un asile et ensuite une école préparatoire pour les petits garçons qui aspiraient à entrer comme élèves dans le collège Saint-Louis, fondé par l'abbé Bourgade.

Vers la fin de l'année 1843, pour répondre aux vœux des habitants de Sousse, elle vint dans cette dernière ville avec trois sœurs pour y établir une maison dont il sera question plus tard.

Les villes de Sfax et de la Goulette reçurent aussi chacune une petite colonie, la première en 1854 et la seconde en 1855.

Cependant à Tunis les écoles des sœurs se consolidaient de plus en plus, malgré les difficultés de tous genres qui s'opposaient à leur développement. Au nombre de ces obstacles, je signalerai principalement les efforts continuels des Italiens pour entraver les progrès des écoles françaises et remplacer celles-ci par les leurs, afin de ressaisir par ce moyen l'ascendant qui leur échappait sur le terrain politique; je mentionnerai également l'exiguïté du local des sœurs et l'insuffisance des ressources dont elles disposaient. Enfin, le 15 septembre 1869, grâce à l'appui du consul de France, elles purent transférer leurs écoles dans une maison plus vaste et plus convenable qu'elles habitent encore aujourd'hui, mais qui, malgré les agrandissements qu'elle a subis, aurait bien besoin de deux nouvelles salles pour les classes et d'une cour pour les récréations des enfants.

En 1879, les sœurs de Saint-Joseph fondent une école à Djerba. Ensuite elles en établissent pareillement d'autres à Monastir, à Mahédia, à Bizerte et à Tunis, dans le faubourg Bab-Carthagéna.

Actuellement elles comptent en Tunisie neuf établissements d'éducation et quarante-deux religieuses attachées à ces écoles.

En ce qui concerne Tunis, leurs deux écoles, l'une payante, l'autre gratuite, de la rue Sidi-Mordjani, renferment quatre cent trente-trois élèves, se décomposant ainsi: cent trois Françaises, cent vingt-cinq Italiennes, cent cinq Maltaises, quatre-vingt-seize israélites et quatre Grecques.

Leur école Saint-Paul du faubourg Bab-Carthagéna contient cent soixante-dix élèves, à savoir : trois Françaises, soixante-quatorze Italiennes, quatre-vingt-six Maltaises et sept israélites.

En résumé, les sœurs de Saint-Joseph de l'Apparition établies dans la régence dès 1840 ont depuis cette époque, à Tunis et ailleurs, cherché à mettre, sans distinction de nationalité et de religion, l'instruction ordinaire à la portée de toutes les élèves qui leur étaient confiées et à donner à toutes, riches ou pauvres, une éducation intellectuelle qui fût en rapport avec la position qu'elles étaient appelées à occuper dans la société. Montrer à la jeune fille, quel que soit le rang de ses parents, la dignité de sa mission; la lui faire aimer, la préparer à remplir convenablement les devoirs qui lui incomberont un jour, la former, en un mot, à la vie sociale et surtout à la vie de famille, tel est le but pratique de leur enseignement. Je m'empresse d'ajouter, et c'est l'exacte vérité, qu'elles respectent profondément les croyances religieuses de leurs élèves. A celles qui sont catholiques elles apprennent à certaines heures le catéchisme avec le plus grand soin ; les autres, pendant ce temps-là, sont occupées à divers devoirs ou à des ouvrages manuels.

Ma visite chez les sœurs de Saint-Joseph, visite que je prolongeai et répétai de manière à me rendre compte de la force de chaque classe, m'a prouvé qu'elles sont aptes à donner à leurs élèves une instruction élémentaire bien suffisante pour leurs besoins futurs, et même que, dans la classe supérieure, elles peuvent quelquefois former des institutrices.

L'asile qu'elles dirigent m'a surtout charmé. Quand j'y entrai, je trouvai rangés sur des gradins en amphithéâtre, d'un côté soixante-trois petits garçons, et de l'autre cent petites filles, de quatre à six ans. A mon arrivée, tout ce monde enfantin se leva avec un ensemble parfait et me souhaita gracieusement la bienvenue; ensuite on entonna des chants divers avec accompagnement de fifres, de mirlitons et de tambourins. Toutes ces petites voix vibraient à l'unisson, comme les cordes d'un même instrument, sous les gestes, la voix et le commandement de la sœur qui faisait le chef d'orchestre. Puis on me récita des fables, on me débita des dialogues, à la fois instructifs et amusants; enfin on me donna le spécimen complet d'une de ces classes du premier âge qui font le bonheur des enfants et les préparent, en les intéressant, aux leçons plus austères qui les attendent un jour.

Si de l'asile, où personne, je crois, ne peut

égaler les sœurs et unir à plus de condescendance maternelle une fermeté plus douce et plus souveraine à la fois, nous passons immédiatement à la classe la plus élevée, nous avons en quelque sorte devant nous les deux pôles de leur enseignement, et dans l'intervalle qui les sépare plusieurs classes intermédiaires nous montrent peu à peu tout le chemin parcouru de l'un à l'autre. Sans doute il ne faut pas, même dans le cours supérieur, demander aux jeunes filles qui le suivent des connaissances très variées ni très étendues; car, en général, elles restent trop peu d'années chez les sœurs pour qu'elles aient le temps d'y perfectionner complètement leur instruction. D'ailleurs un plus grand développement donné à celle-ci serait loin d'être un bienfait pour les trois quarts d'entre elles. Filles de pauvres ouvriers ou de commerçants plus ou moins aisés, elles sont appelées, pour la plupart, à une existence fort modeste. Ce qu'il leur faut avant tout, ce sont les habitudes d'une vie simple et appliquée aux devoirs journaliers et ordinaires dont elles seront chargées. Elles doivent être de bonne heure de dignes mères de famille, et par l'honnêteté d'une conduite irréprochable et la culture d'un esprit suffisamment développé relever le rôle de la femme, qui, en Orient et en Afrique, à cause de l'ignorance profonde au milieu de laquelle elle végète dans les pays musulmans, est souvent si abaissée. Ce service à la femme et à la société, les sœurs de Saint-Joseph depuis quarante-cinq ans le rendent constamment à Tunis, où elles ont élevé dans les principes de l'honneur et de la chasteté, et en les douant d'une instruction qui leur permet d'être, non plus les humbles esclaves, mais les dignes compagnes de l'homme, plusieurs milliers de mères de famille qui sans elles ne seraient guère au-dessus des femmes musulmanes.

La supérieure des religieuses de Saint-Joseph à Tunis est la sœur Céleste Peyre, dont l'éloge est depuis longtemps dans toutes les bouches. Active, entreprenante, dévouée à toutes les œuvres dont elle est l'âme, elle est toujours disposée à faire le bien et se prête de fort bon cœur aux diverses améliorations qui lui sont proposées et dont elle prévoit elle-même l'utilité.

J'appelle de tous mes vœux des agrandissements nouveaux donnés à un établissement semblable, qui honore tant notre pays. La maison principale de la rue Sidi-Mordjani aurait besoin, en effet, de s'étendre, comme je l'ai dit plus haut; des améliorations matérielles devraient être faites à l'école gratuite qui a succédé à l'ancien hôpital. Quant à l'école dite de Bab-Carthagéna ou de Saint-Paul, elle est suffisamment grande pour le moment. De date assez récente, puisqu'elle ne remonte pas au delà de l'année 1883, elle contient trois salles précédées d'une cour. L'une de ces salles, séparée des autres par une cloison mobile en bois, se transforme en chapelle, les dimanches et les jours de fêtes, et sert de paroisse provisoire aux habitants du quartier. Comme ce quartier est très pauvre et composé en grande partie de familles italiennes et maltaises assez grossières, il ne faut pas s'étonner si les trois sœurs qui dirigent les classes de cette école n'obtiennent encore de leurs cent soixante-dix élèves que des résultats médiocres, bien qu'elles se donnent elles-mêmes une peine infinie et qu'elles déploient un dévouement à toute épreuve; car, de même que les frères de l'école de Bab-el-Djezira, elles ont à lutter contre des natures souvent rebelles dans le début à leurs efforts, et qui ne sont nullement préparées à recevoir leur enseignement. Mais leur œuvre n'en est que plus méritoire devant Dieu et devant les hommes, et à force de patience, de douceur et aussi de fermeté, elles finissent toujours par triompher de ces premières difficultés, et par arracher à une sorte de barbarie sauvage, quelquefois même à une dégradation précoce, une foule de pauvres petites créatures humaines qui autrement vagabonderaient dans les rues, peu surveillées par leurs parents, que la dure nécessité de pourvoir à leur existence de chaque jour préoccupe avant tout.

Les sœurs de Saint-Joseph ne sont pas venues en Tunisie uniquement pour l'éducation de l'enfance; mais une autre œuvre sollicita également le dévouement de leur fondatrice, je veux dire celle de la visite des malades à domicile et au dispensaire.

La sœur Rosalie, de sainte et vénérable mémoire, se chargea spécialement de cette œuvre trente ans durant avec un zèle infatigable. Chaque jour elle parcourait les quartiers chrétiens et musulmans, allant partout, jusque dans les plus chétives demeures; et du palais du bey ou de la résidence des plus opulents ministres, elle ne dédaignait pas de pénétrer sous la tente du Bédouin le plus misérable. Elle soulagea ainsi, sans jamais se rebuter, bien des douleurs physiques et morales. Depuis, une autre sœur l'a remplacée dans ce pieux office. Aussi quand, dans ces dernières années, Mgr Lavigerie déchargea les sœurs de Saint-Joseph du soin des malades européens à domicile, il leur dit en même temps: « Je vous laisse les indigènes; cette mission, que vous avez si bien commencée, vous appartient; continuez à vous y dévouer. »

Un dispensaire fut donc, bientôt après l'arrivée

des sœurs, établi par elles à Tunis. Quarante à cinquante pauvres y recevaient gratuitement les soins que réclamait leur état. Le nombre de ceux qui se présentent actuellement est beaucoup plus considérable.

Le choléra de 1850 mit en pleine lumière dans cette ville le dévouement des sœurs. L'une d'entre elles, la plus jeune, succomba alors au fléau. Le choléra, le typhus et la famine des années 1866, 1867 et 1868 les trouvèrent de nouveau prêtes au sacrifice et au dévouement. On les voyait partout au chevet du lit des malades, dans les ambulances et dans les maisons des particuliers; quatre d'entre elles périrent encore victimes de leur zèle.

La fondation de l'hôpital de Tunis remonte à l'année 1843, et c'est à M. l'abbé Bourgade qu'en revient le mérite. Ce digne et charitable ecclésiastique, dont il a été déjà question précédemment, loua une maison attenante à l'école des sœurs et y fit dresser d'abord six lits; ce nombre augmenta ensuite. Les sœurs de Saint-Joseph furent naturellement chargées de desservir cet hôpital. En 1869, il s'agrandit de la maison d'école des sœurs, abandonnée alors par elles pour venir habiter celle qu'elles occupent encore maintenant de l'autre côté de la rue Sidi-Mordjani. En 1881, il devint beaucoup trop exigu : les

Femme tunisienne.

malades y étaient entassés les uns sur les autres dans des salles basses, sans air ni lumière. Touché de cet état de choses, Mgr Lavigerie demanda et obtint, en 1883, une caserne musulmane, qu'il fit réparer et approprier en hôpital. Il y établit un certain nombre de salles distinctes pour hommes et pour femmes, pouvant contenir cent cinquante lits; l'une d'entre elles est réservée aux militaires français. Chaque consul paye deux francs par jour pour les malades de sa propre nation qui y sont soignés. Les malades qui peuvent payer davantage occupent une chambre spéciale. Plusieurs médecins et chirurgiens sont attachés à l'établissement. Dix religieuses, sous la direction de la sœur Jeanne, femme de beaucoup d'expérience et de dévouement, veillent nuit et jour au soin des malades. En outre, près de la porte d'entrée, une salle au rez-de-chaussée est assiégée tous les matins par de nombreux indigents, venant consulter le médecin qui s'y trouve alors et implorer les soins et les médicaments gratuits des sœurs; c'est le dispensaire rattaché ainsi à l'hôpital.

L'établissement est géré par un conseil d'administration qui se compose de catholiques honorables appartenant aux trois nationalités française, italienne et maltaise.

Mgr Lavigerie a également acheté en dehors de

la ville, dans une situation favorable, un vaste terrain destiné à construire un second hôpital, où seront reçus les malades atteint d'infirmités chroniques et les convalescents.

Pour les malades appartenant aux classes aisées de la société et qui, à cause de l'éloignement de leur famille, ne peuvent être soignés à domicile, Mgr Lavigerie a fait venir, en 1883, neuf sœurs gardes-malades, qu'il a installées dans une maison louée à ses frais. Ce sont des sœurs du Bon-Secours de Troyes, dont le zèle et le dévouement sont déjà universellement appréciés.

Quelque temps auparavant, ce prélat avait également appelé dix Petites-Sœurs des pauvres pour avoir soin des vieillards des deux sexes qui, sans être affligés de maladies aiguës, étaient cependant dans l'impossibilité de gagner leur vie, soit à cause de leurs infirmités, soit en raison de leur grand âge. D'abord installées dans deux maisons contiguës, situées dans le faubourg des Maltais, elles ont été bientôt trop à l'étroit et ont commencé à bâtir, près de la porte dite Bab-el-Fellah, un vaste établissement sur les plans de M. l'abbé Pougnet. Une aile seule est achevée et habitée. Il reste à construire le corps principal du bâtiment, la chapelle et la seconde aile correspondante à la première. Celle-ci est à trois étages et couronnée par de belles terrasses d'où l'on distingue Tunis tout entière, les deux lacs qui l'encadrent, la mer et les collines voisines. Les sœurs espèrent, grâce à l'aide de souscriptions nouvelles, pouvoir bientôt continuer cet édifice, qui, lorsqu'il sera terminé, ne sera pas l'un des moins remarquables de la ville. Tel qu'il est maintenant, il contient soixante lits, tant pour hommes que pour femmes, dans des dortoirs distincts.

La supérieure, fort jeune encore et qui paraît extrêmement capable, a voulu me faire elle-même les honneurs de sa maison, dont elle m'a montré toutes les salles et tous les hôtes et hôtesses. Elle m'a fait voir, entre autres, une bonne vieille Sicilienne âgée de cent ans, dont le mari vient de mourir dans l'établissement à un âge beaucoup plus avancé encore, car il avait dépassé sa cent dix-septième année; c'était le doyen de Tunis; il était originaire de Trapani.

On sait que la maison mère de ces excellentes sœurs est en Bretagne et qu'elle a, en peu de temps, disséminé dans le monde entier de très nombreuses succursales. En Algérie, il y en a deux. Celle de Tunis est destinée à avoir cent soixante lits. Aussitôt que l'un des soixante maintenant installés devient vacant à la suite d'un décès, il est immédiatement occupé de nouveau, les Petites-Sœurs ne refusant jamais personne tant qu'il y a chez elles une place disponible. Elles ont pour système de ne point calculer si, le lendemain, elles pourront nourrir tout leur personnel; mais elles vivent au jour le jour, et, pleines de confiance dans la divine Providence, elles ne peuvent pas s'imaginer que Celui qui donne leur pâture aux oiseaux du ciel laissera mourir de faim, quand elles l'imploreront avec foi, des créatures beaucoup plus nobles et créées par lui-même à sa propre ressemblance. Tous les matins, deux d'entre elles, en dépit du temps et des chemins, qui, pendant la mauvaise saison, sont souvent affreux, vont quêter en ville des vivres pour leurs vieillards, et elles ne reviennent jamais sans rapporter avec elles de quoi suffire à leurs besoins de la journée présente. Non contentes de soigner, de loger et d'entretenir les soixante hôtes ou hôtesses qu'elles ont recueillis, elles ont ouvert, en outre, à l'entrée de leur maison un dispensaire où elles distribuent, à certaines heures, des soins empressés et des médicaments gratuits à tous les malheureux qui réclament leurs secours.

Que le lecteur veuille bien actuellement s'acheminer avec moi vers les établissements d'instruction secondaire que j'ai visités à Tunis.

En parlant du collège Saint-Louis de Carthage

fondé par Mgr Lavigerie à Byrsa, j'ai déjà indiqué les circonstances qui avaient forcé Son Éminence à le transférer à Tunis. Une fois que cette décision eut été prise, le cardinal, après avoir acheté de vastes terrains près de l'avenue de la Marine, fit commencer les premiers travaux de maçonnerie au mois d'avril 1882 et ordonna de les pousser avec vigueur. Sous l'énergique impulsion d'un prélat aussi actif, le corps du bâtiment principal avec les deux ailes s'éleva comme par enchantement, sur une superficie de plus de 1,200 mètres carrés. Les travaux d'aménagement intérieur furent également exécutés et poursuivis sans relâche avec une rapidité telle, que cinq mois suffirent pour mener à bonne fin cette grande entreprise.

Le 9 octobre de cette même année 1882 eut lieu l'investiture du nouveau collège, qui prit le nom de Saint-Charles, du nom de son fondateur, l'appellation de Saint-Louis restant attachée, comme je l'ai dit, à l'établissement de Byrsa, transformé en grand séminaire et en scolasticat. Dans ce collège les élèves furent admis non plus seulement comme pensionnaires, mais encore comme demi-pensionnaires et comme externes, et dès la première année leur chiffre total atteignit cent soixante-dix. Devant ce résultat, les constructions commencées devenaient déjà insuffisantes, et le cardinal fit commencer, au mois de juin 1883, un nouveau corps de bâtiment, long de cinquante mètres sur une largeur de dix. Cette construction permettait de créer des classes plus nombreuses, de séparer complètement les pensionnaires des demi-pensionnaires et des externes, non seulement pour l'étude, mais encore pour les récréations. Au premier étage de cette annexe fut établi un dortoir supplémentaire, pouvant contenir cinquante lits et des logements pour cinq frères de la société de Marie que les Pères s'adjoignirent pour tenir les classes primaires, eux-mêmes devant rester chargés de l'enseignement secondaire classique et spécial.

Le nombre des élèves actuels est de deux cent cinquante, répartis en treize classes. L'enseignement est donné par vingt-trois professeurs, parmi lesquels dix-sept sont religieux et complètement attachés à la maison; les autres logent au dehors.

Le programme des études embrasse toutes les matières classiques, depuis les connaissances les plus élémentaires jusqu'à la préparation au baccalauréat et aux écoles du gouvernement. Une instruction spéciale est donnée aux jeunes gens qui se destinent au commerce, à l'industrie et à diverses administrations. L'enseignement comprend ainsi non seulement les cours primaires, mais toutes les matières d'instruction secondaire, classique et professionnelle.

Si les fils des catholiques sont élevés avec le plus grand soin au collège Saint-Charles dans les principes et dans la pratique de la religion qu'ils professent, les fils des juifs, des musulmans et des schismatiques ont de même toute facilité pour aller remplir dans leurs famillles leurs devoirs religieux.

M. Machuel, directeur de l'enseignement public en Tunisie, dans un rapport adressé, au mois de mai dernier, à M. Cambon, ministre résident de la république française à Tunis, s'exprime ainsi (page 25) au sujet de cet établissement :

« Le collège Saint-Charles est fréquenté par les enfants de toutes les nationalités et de toutes les religions. Français, Italiens, Maltais, israélites et musulmans y vivent côte à côte dans les meilleurs termes, apprennent à se connaître, et commencent sur les bancs de l'école ces relations amicales qui se continueront plus tard au sortir du collège, qui établissent entre tous ces enfants des liens indissolubles et prépareront leur complète assimilation. Les professeurs du collège Saint-Charles ont pour tous leurs élèves la sollicitude la plus grande; ils cherchent à former à la fois leur cœur et leur esprit.

Quoique religieux, ils évitent avec soin de parler de religion à ceux de leurs élèves qui ne professent pas la religion catholique. J'ai vu ces professeurs à l'œuvre, et je me plais à reconnaître avec quel soin et quelle ardeur ils font leur cours. »

A ce témoignage officiel que je suis heureux de reproduire ici, que l'on me permette d'ajouter le mien. Durant plusieurs jours consécutifs, le mois d'avril dernier, j'ai examiné le collège Saint-Charles dans les moindres détails, suivant partout les professeurs et les élèves, à la chapelle, à l'étude, en classe, au réfectoire, en récréation. J'ai eu sous les yeux beaucoup de copies, j'ai interrogé directement ou entendu interroger dans chaque classe un grand nombre d'élèves par leurs maîtres respectifs, dont j'ai pu apprécier ainsi les mérites divers. Or, après cette inspection minutieuse et approfondie, ancien professeur moi-même de l'Université, j'aime à déclarer à mon tour que le supérieur du collège Saint-Charles, le R. P. Dausbourg, prêtre missionnaire d'Alger, réunit dans sa personne les connaissances les plus variées en littérature, en science, en musique même. Jeune encore, car il a à peine quarante et un ans, il a déjà beaucoup d'expérience ; il déploie une activité de tous les moments, préside à tous les exercices et excelle à la fois comme administrateur et comme professeur. Ferme et paternel tout ensemble, il jouit d'un grand ascendant sur les élèves. Les autres professeurs qui avec lui et sous ses ordres dirigent cette importante maison sont tous animés des mêmes sentiments que lui, et pénétrés du caractère à la fois national et sacré de la mission qu'ils remplissent. Ils ont à préparer à Tunis une génération d'hommes appartenant à diverses nations et à diverses religions, mais qui ont besoin d'union et de concorde pour faire prospérer le pays et lui montrer la voie de la civilisation véritable. Sans doute la fusion ne pourrait être réelle et complète que par la communauté de foi et de croyances; mais, à défaut, la fraternité de la vie de collège sous la main tutélaire et le regard paternel de maîtres irréprochables et conciliants servira de prélude à une autre fraternité civile et sociale, qui fera plus tard la grandeur et la force de la Tunisie. Il est expressément recommandé aux élèves catholiques de n'attaquer jamais par aucune parole blessante, ni même par aucune allusion détournée, la religion de leurs condisciples israélites ou musulmans. A tous sont enseignés les principes de la morale la plus pure et ceux d'une tolérance mutuelle. C'est ainsi que de tant d'éléments disparates se forme, grâce à l'excellent esprit qui règne dans la maison, un tout homogène et harmonieux. En récréation, maîtres et élèves participent souvent aux mêmes jeux ; au réfectoire la nourriture est la même pour les uns et pour les autres. Dans les cours errent en liberté deux jeunes et jolies gazelles apprivoisées qui font le bonheur des enfants, petits et grands, lesquels cherchent sans cesse, mais en vain, à lutter avec elles d'agilité, et dont la douceur est l'emblème de celle qui leur est continuellement prêchée à eux-mêmes. J'ajouterai que le collège possède une belle musique militaire, très bien montée et munie de nombreux instruments. Les élèves y prennent beaucoup de goût et y réussissent à merveille. Cette musique rehausse l'éclat de toutes les grandes cérémonies qui s'accomplissent dans l'établissement et contribuent à le rendre encore plus populaire parmi les habitants.

Ce que le collège Saint-Charles fait pour les garçons, il était naturel qu'une communauté religieuse de femmes le fît pour les jeunes filles appartenant aux familles les plus aisées de la régence. A la demande donc de Mgr Lavigerie, les dames de Sion, si connues en Orient pour leurs établissements d'éducation, sont venues fonder un pensionnat à Tunis dans le quartier de la Marine. Ces religieuses ont commencé d'abord par s'installer provisoirement, le 20 janvier 1882, dans une petite maison où elles ouvrirent un pensionnat le 1er mars suivant.

En 1883, elles firent construire le bâtiment actuel d'après les plans de M. Daumet, architecte des monuments historiques de France. Le 6 octobre 1884 eut lieu l'inauguration du nouveau pensionnat, dont la bénédiction solennelle fut faite en novembre par le cardinal Lavigerie, assisté de son coadjuteur, Mgr Dusserre, archevêque d'Alger, et de Mgr Combes, évêque de Constantine. Depuis un an, le pensionnat s'est bien développé; il se compose actuellement de cent dix élèves internes et demi-pensionnaires, appartenant aux meilleures familles de la régence.

Les classes, au nombre de cinq, dont une de petits garçons au-dessous de sept ans, comptent des enfants de religions et de nationalités différentes, catholiques, israélites, grecques, protestantes, etc. Néanmoins les catholiques et les Françaises dominent. Parmi les religieuses, au nombre de dix-huit, les unes sont spécialement chargées de l'enseignement, d'autres de la couture et de la broderie, d'autres enfin des soins du ménage et de l'entretien de la maison.

La fondation récente de l'établissement ne lui permet pas encore de réaliser l'œuvre d'une école gratuite et d'un externat.

Cette maison se recommande à la confiance de toutes les familles qui désirent pour leurs filles une éducation complète et distinguée. Celles qui sont catholiques sont sûres que leurs enfants y seront élevées sous ce rapport avec un soin des plus attentifs, et qu'on veillera avant toute chose à ce qu'elles soient parfaitement instruites dans leur propre religion; celles qui appartiennent à d'autres cultes peuvent être convaincues d'avance qu'on respectera avec une délicatesse extrême les croyances de leurs enfants, et qu'on leur laissera le temps nécessaire pour l'accomplissement au dehors de leurs devoirs religieux.

L'enseignement est gradué selon l'âge et l'aptitude des élèves; l'étude de la langue française en est la base. Les heures des classes, des études, des travaux d'aiguille, des récréations, sont distribuées de telle sorte que les enfants s'instruisent sans fatigue et trouvent un délassement dans la variété des exercices.

L'examen que j'ai fait de cet établissement modèle m'a singulièrement intéressé, et j'ai vu qu'il marchait de pair avec les meilleurs de l'Orient et même de la France. Sans doute, là comme partout ailleurs, la classe inférieure est faible; car elle se compose d'enfants qui débutent, dont beaucoup ne savent, en entrant, ni lire ni écrire, et dont quelques-unes, en outre, peuvent à peine balbutier d'abord quelques mots dans notre langue, qui n'est pas la leur; mais ensuite, grâce à la patience et à l'habileté de leurs maîtresses, ces jeunes intelligences, une fois débrouillées et sorties en quelque sorte du chaos, s'ouvrent à la lumière d'une manière surprenante et sont aptes à recevoir et à garder toutes les connaissances auxquelles on les initie. C'est ce que j'ai constaté dans les classes subséquentes, et principalement dans la classe supérieure, où j'ai été réellement émerveillé des énormes progrès que ces religieuses avaient su obtenir de leurs élèves. Plusieurs de celles-ci pourraient certainement subir avec succès les épreuves du premier brevet.

Quant à l'établissement lui-même, au point de vue purement matériel, il a un aspect réellement monumental. Chapelle, dortoirs, réfectoire, salles d'étude, cuisine même, tout a été conçu et coordonné d'une façon fort intelligente, tout est entretenu avec une propreté exemplaire. Du haut des terrasses, la vue est des plus variées et des plus étendues : c'est Tunis et son lac, c'est la Goulette et sa rade, ce sont aussi les hauteurs voisines. Un assez grand jardin clos de murs entoure le bâtiment, qui plus tard sans doute prendra de nouveaux accroissements ; car un pensionnat pareil, dirigé par une supérieure si capable et par des maîtresses si instruites, est appelé prochainement à avoir un nombre beaucoup plus considérable d'élèves que celui que j'ai signalé comme le fréquentant aujourd'hui.

Avant de quitter Tunis, je visitai également, indépendamment des établissements religieux français, qui étaient le but principal de mon voyage, plusieurs autres établissements d'éducation, musulmans ou israélites, dont je vais dire seulement quelques mots.

Le collège Sadiki fut institué, en 1876, par Son Altesse le bey Sadok, dont il garde le nom, et il fut richement doté sous le ministère du général Keir-ed-Din, avec une grande partie des biens confisqués à l'ancien ministre Si-Mustapha Khasnadar. Il devait préparer aux carrières libérales et administratives.

M. Machuel, dans son rapport officiel sur l'enseignement public en Tunisie (page 21), fournit au sujet de ce collège les documents suivants :

« Le collège Sadiki reçoit cent cinquante élèves, qui prennent dans l'établissement, et sans aucuns frais pour les parents, les repas de midi; cinquante, complètement internes, sont habillés et blanchis; enfin tous reçoivent les fournitures classiques et les livres qui leur sont nécessaires. Actuellement les classes sont au nombre de sept. L'enseignement européen, que les cent cinquante élèves sont obligés de suivre, comprend : l'étude de la langue française, l'histoire et la géographie de la France, des notions d'histoire et de géographie générales, l'arithmétique, le système métrique, la géométrie, l'algèbre, les éléments des sciences physiques et chimiques, et enfin l'italien comme langue vivante.

« Le personnel actuel du collège se compose de :

« 1º Un directeur tunisien ayant rang de colonel, spécialement chargé de la direction des études arabes (ce directeur parle français);

« 2º Un inspecteur des études européennes;

« 3º Un censeur des études européennes chargé du cours des sciences;

« 4º Quatre professeurs de français, tous pourvus de diplômes universitaires et connaissant la langue arabe;

« 5º Un maître répétiteur français connaissant également la langue arabe;

« 6º Six professeurs et quatre maîtres élémentaires pour l'enseignement de l'arabe. »

Un ancien professeur de Sadiki, chargé maintenant d'un cours public d'arabe à Tunis, M. Delmas, a eu l'obligeance de m'introduire dans ce collège et de me conduire lui-même dans chacune des sept classes. En les visitant tour à tour, j'ai trouvé partout un ordre excellent, des cahiers généralement bien tenus, de la part des élèves un grand désir de s'instruire, et de la part des professeurs des formes très polies et un véritable zèle pour leurs fonctions.

L'école annexe du collège Sadiki, que j'ai visitée pareillement avec M. Delmas, est de création toute récente; elle occupe dans le quartier Bab-Souika une ancienne caserne entièrement rebâtie et appropriée à sa nouvelle destination. Les fonds qui ont servi à l'établir proviennent d'un excédent des rentes du collège Sadiki. Un professeur français, originaire de Tunis, et parlant par conséquent parfaitement l'arabe, est à la tête de cette école, qui, à peine ouverte, compte déjà cent cinquante-sept élèves; il est aidé dans sa tâche par deux adjoints brevetés et sortis du collège Sadiki.

Un troisième établissement musulman, le collège Alaoui, est de même tout nouvellement fondé, puisqu'il date de 1884: il a été créé par Son Altesse le bey régnant, qui lui a donné son nom. M. Delmas a eu également la bonté de m'en faire les honneurs en l'absence de M. Machuel, qui l'habite et le dirige.

Situé sur une colline dans un quartier salubre, cet établissement doit jouir de ressources assez considérables, car il compte un nombreux personnel enseignant. C'est à la fois un collège et une école normale destinée à préparer des jeunes gens à la carrière de l'enseignement. Les élèves du collège se composent de pensionnaires, de demi-pensionnaires, et d'externes payant une certaine rétribution qui varie naturellement avec la catégorie à laquelle ils appartiennent. Les élèves de l'école normale, au contraire, sont instruits, logés, nourris et blanchis aux frais de l'État. Ils doivent se recruter par voie de concours, parmi les meilleurs élèves du collège de Sadiki et des écoles primaires.

Dans le prospectus de cet établissement je lis ce qui suit :

« Pour assurer la rapidité des progrès des élèves indigènes dans l'étude de la langue française, il a été décidé que le collège Aloui admettrait dans une certaine proportion des élèves européens. Les uns et les autres trouveront un grand avantage à être sur les mêmes bancs, à suivre les mêmes leçons, à être mêlés aux heures des récréations et des promenades. »

Un peu plus loin, le même prospectus ajoute :

« L'enseignement religieux sera donné avec le plus grand soin à tous les élèves musulmans par des *moueddeb* et des professeurs indigènes, dans la mosquée qui se trouve au collège Alaoui. Les élèves appartenant aux autres cultes seront conduits aux exercices religieux, si les parents en font la demande. »

Assurément il est fort à souhaiter que tout antagonisme haineux et hostile entre les musulmans et ceux qui ne le sont pas s'efface de plus en plus, et que la fraternité du collège, comme je le disais à propos de l'établissement Saint-Charles, persiste entre les écoliers de différentes croyances, une fois devenus hommes ; mais, d'un autre côté, il est de la plus haute importance pour l'enfant chrétien que ce rapprochement et ce mélange des religions, des nationalités et des races, se fassent dans un milieu qui ne soit pas presque exclusivement musulman, et sous l'œil de maîtres pieux et éclairés qui veillent avec une sollicitude de tous les moments à ce qu'il n'en résulte aucune altération, ni pour la foi ni pour la morale, dans l'âme de cet enfant. Que si, au contraire, ce mélange s'opère dans un milieu foncièrement musulman, n'est-il pas à craindre que l'enfant ou le jeune homme chrétien, abandonné à ses propres forces ou plutôt à sa faiblesse naturelle, sans autre secours religieux que celui qu'il trouvera au dehors, si sa famille en fait la demande, ne perde peu à peu ses croyances, et avec ses croyances son plus grand soutien contre le mal, au sein de l'atmosphère mahométane qui l'enveloppera de toutes parts ?

Telles sont les réflexions que m'a suggérées la lecture de ce prospectus et que je crois devoir consigner ici, tout en rendant hommage au zèle et à la haute intelligence de M. le directeur du collège Alaoui et de ses dignes collaborateurs.

L'Alliance israélite universelle, dont la maison mère et l'école normale supérieure sont à Paris, et qui a déjà envoyé tant de colonies en Asie, en Afrique et ailleurs, a fondé à Tunis, non loin de la gare italienne, une école très importante de garçons et de filles que j'ai visitée de même en compagnie de M. Delmas.

Cet établissement, bien situé et très vaste, date de 1878. Son directeur actuel, M. Cazès, est un pédagogue des plus expérimentés et dont les connaissances sont fort variées. Très dévoué à ses fonctions, il est toujours à son poste, veillant à tout. Il a sous ses ordres sept professeurs de langue française sortant tous de l'école normale de l'Alliance de Paris, six moniteurs recrutés parmi les anciens élèves de l'école, six professeurs de langue hébraïque et un professeur de langue arabe. Les enfants, au nombre de mille et divisés en dix-neuf sections, qui fréquentent cet établissement comme externes, sont tous instruits gratuitement; en outre, à midi, on leur sert à presque tous la soupe. Ceux d'entre eux qui préfèrent aller manger chez eux ont deux heures de liberté pour se rendre dans leurs familles.

Il serait bien à désirer que, dans les écoles chrétiennes de la Tunisie, on pût imiter cet exemple des israélites et donner à la plupart des enfants qui y viennent, non seulement l'instruction gratuite, mais encore la soupe à midi. Malheureusement les écoles primaires des frères ou des sœurs, à Tunis et dans le reste de la régence, sont loin d'avoir les ressources pécuniaires dont dispose dans cette ville celle de l'Alliance israélite. J'ai appris, en effet, que cette dernière école possédait d'abord l'immense maison où elle était établie, et qu'ensuite elle pouvait, chaque année, compter sur une somme de 78,000 francs pour le payement de son personnel et pour toutes ses autres dépenses.

Dans la même maison, mais à un autre étage et complètement séparée de l'école des garçons, est l'école des filles israélites. Beaucoup moins considérable que la précédente, elle comprend seulement quatre classes et deux cent quatre-vingts jeunes filles, sous la conduite d'une directrice chargée d'une classe, de deux maîtresses de français et de deux maîtresses de couture.

Je ne dois pas manquer d'ajouter que dans cet établissement a lieu, tous les soirs, un cours pour d'autres enfants israélites placés en apprentissage chez divers patrons choisis par le directeur et qui, après avoir donné à leurs maîtres leur journée de travail, viennent le soir commencer ou compléter leur instruction à l'école israélite. Une autre somme annuelle de 6,000 francs est consacrée à cette œuvre de l'enseignement des apprentis.

Au moment de m'éloigner de Tunis, il est une figure à jamais digne de notre admiration et de nos respects, que je me reprocherais de ne pas faire apparaître un instant à mes lecteurs : c'est celle de saint Vincent de Paul, qui y fut autrefois deux ans captif, et dont la mémoire vénérée semble planer encore maintenant au-dessus de cette ville, comme celle de saint Louis au-dessus des ruines de Carthage.

Né de parents pauvres, le 24 avril 1576, en un coin inconnu des landes de Bordeaux, dans un petit hameau de la paroisse de Pouy, au pied des Pyrénées, Vincent de Paul commença, à peine âgé de sept ans, par garder les troupeaux de son père. Quand il eut atteint sa douzième année, il quitta sa famille pour être placé en pension chez les PP. cordeliers de la ville de Dax, où il se fit bientôt remarquer par ses talents, par son amour du travail et par les rares vertus dont il donnait dès lors l'exemple. Il étudia ensuite la théologie à Toulouse, et, après avoir reçu successivement les divers ordres mineurs, il fut ordonné prêtre en 1599; il avait alors vingt-quatre ans.

Au commencement du mois de juillet de l'année 1605, il se rendit à Marseille pour recouvrer une créance qui lui avait été léguée par un de ses amis et dont, par charité, il abandonna une partie à son débiteur.

Comme il s'en retournait par mer à Narbonne, le navire où il était fut attaqué et pris par des corsaires de Tunis.

Mais écoutons-le lui-même faire le récit de ce qui lui arriva en cette rencontre, récit qui se trouve consigné dans une lettre qu'il adressa d'Avignon, une fois devenu libre et de retour en France, le 24 juillet 1607, à M. de Commet, avocat au présidial d'Acqs (Dax).

Je ferai observer qu'en reproduisant les passages principaux de cette lettre je me garderai bien, quoique certaines tournures aient un peu vieilli, d'en dénaturer et d'en affaiblir le style vif et original en essayant de le rajeunir; seulement je me permettrai d'en corriger l'orthographe, que l'usage a parfois profondément modifiée.

« Étant, dit-il, sur le point de partir de Marseille par terre, je fus persuadé par un gentilhomme avec qui j'étais logé de m'embarquer avec lui jusqu'à Narbonne, vu la faveur du temps qui était. Ce que je fis pour plutôt y être et pour épargner, ou, pour mieux dire, pour n'y jamais être et tout perdre. Le vent nous fut aussi favorable qu'il fallait pour nous rendre ce jour à Narbonne (qui était faire cinquante lieues), si Dieu n'eût permis que trois brigantins turcs qui côtoyaient le golfe de Lion, pour attraper les barques qui venaient de Beaucaire, où il y avait une foire que l'on estime être des plus belles de la chrétienté, ne nous eussent donné la chasse et attaqués si vivement, que, deux ou trois des nôtres étant tués et tout le reste blessé, et même moi qui eus un coup de flèche qui me servira d'horloge tout le reste de ma vie, n'eussions été contraints de nous rendre à ces félons et pires que tigres. Les premiers éclats de leur rage furent de hacher notre pilote en mille pièces, pour avoir perdu un des principaux des leurs, outre quatre ou cinq forçats que les nôtres leur tuèrent. Ce fait, ils nous enchaînèrent après nous avoir grossièrement pansés, et poursuivirent leur pointe, faisant mille voleries, donnant néanmoins liberté à ceux qui se rendaient sans combattre, après les avoir volés. Et enfin, chargés de marchandises, au bout de sept ou huit jours, ils prirent la route de Barbarie, tanière et spélonque de voleurs sans aveu du Grand Turc, où, étant arrivés, ils nous exposèrent en vente, avec procès-verbal de notre capture, qu'ils disaient avoir été faite dans un navire espagnol, parce que, sans ce mensonge, nous aurions été délivrés par le consul que le roi tient là, pour rendre libre le commerce aux Français. Leur procédure à notre vente fut qu'après qu'ils nous eurent dépouillés, ils nous baillèrent à chacun une paire de braies, un hoqueton de lin avec une bonnette, et nous promenèrent par la ville de Tunis, où ils étaient venus pour nous vendre. Nous ayant fait faire cinq ou six tours par la ville la chaîne au col, ils nous ramenèrent au bateau, afin que les marchands vinssent voir qui pouvait manger et qui non, et pour montrer que nos plaies n'étaient point mortelles. Ce fait, ils nous ramenèrent à la place où les marchands nous vinrent visiter tout de même que l'on fait à l'achat d'un cheval ou d'un bœuf, nous faisant ouvrir la bouche pour voir nos dents, palpant nos côtes, sondant nos plaies et nous faisant cheminer le pas, trotter et courir, puis tenir des fardeaux, et puis lutter pour voir la force d'un chacun, et mille autres sortes de brutalités.

« Je fus vendu à un pêcheur, qui fut contraint de se défaire bientôt de moi, pour n'avoir rien de si contraire que la mer, et depuis, par le pêcheur à un vieillard, médecin spagirique, souverain tireur de quintessences, homme fort humain et traitable; lequel, à ce qu'il me disait, avait travaillé cinquante ans à la recherche de la pierre philosophale. . . . .

« Mon occupation était de tenir le feu à dix ou douze fourneaux, en quoi, Dieu merci, je n'avais plus de peine que de plaisir. Il m'aimait fort et se plaisait de me discourir de l'alchimie et puis de sa loi, à laquelle il faisait tous ses efforts de m'attirer, me promettant force richesses et tout son savoir. Dieu opéra toujours en moi une croyance de délivrance par les assidues prières que je lui faisais, et à la Vierge Marie, par la seule intercession de laquelle je crois fermement avoir été délivré. . . . .

« Je fus donc avec ce vieillard, depuis le mois de septembre 1605 jusqu'au mois d'août prochain, qu'il fut pris et mené au Grand Sultan pour travailler pour lui, mais en vain, car il mourut de regret par les chemins. Il me laissa à son neveu, vrai anthropomorphite, qui me revendit bientôt après la mort de son oncle, parce qu'il ouït dire comme M. de Brèves, ambassadeur pour le roi en Turquie, venait avec bonnes et expresses patentes du Grand Turc pour recouvrer tous les esclaves chrétiens. Un renégat de Nice en Savoie, ennemi de nature, m'acheta et m'emmena en son *temat;* ainsi s'appelle le bien que l'on tient comme métayer du Grand

Seigneur; car le peuple n'a rien, tout est au Sultan. Le temat de celui-ci était dans la montagne, où le pays est extrêmement chaud et désert. L'une des trois femmes qu'il avait était grecque chrétienne, mais schismatique; une autre était turque, qui servit d'instrument à la miséricorde de Dieu pour retirer son mari de l'apostasie, le remettre au giron de l'Église et me délivrer de son esclavage. Curieuse qu'elle était de savoir notre façon de vivre, elle me venait voir tous les jours aux champs où je fossoyais, et un jour elle me commanda de chanter louanges à mon Dieu. Le ressouvenir du *Quomodo cantabimus in terra aliena* des enfants d'Israël captifs en Babylone me fit commencer, avec la larme à l'œil, le psaume *Super flumina Babylonis,* et puis le *Salve Regina,* et plusieurs autres choses, en quoi elle prenait tant de plaisir, que c'était merveille. Elle ne manqua point de dire à son mari, le soir, qu'il avait eu tort de quitter sa religion, qu'elle estimait extrêmement bonne, pour un récit que je lui avais fait de notre Dieu et quelques louanges que j'avais chantées en sa présence; en quoi, disait-elle, elle avait eu un si divin plaisir, qu'elle ne croyait point que le paradis de ses pères et celui qu'elle espérait un jour fût si glorieux, ni accompagné de tant de joie, que le plaisir qu'elle avait pendant que je louais mon Dieu, concluant qu'il y avait quelque merveille. . . . .

« Son mari me dit, dès le lendemain, qu'il ne tenait qu'à une commodité que nous ne nous sauvassions en France, mais qu'il y donnerait tel remède dans peu de temps, que Dieu y serait loué. Ce peu de jours furent dix mois qu'il m'entretint dans ces vaines, mais à la fin exécutées espérances, au bout desquels nous nous sauvâmes avec un petit esquif, et nous nous rendîmes, le 28 juin, à Aigues-Mortes. »

La captivité de saint Vincent de Paul avait duré ainsi près de deux ans, du 26 ou 27 juillet 1605 au 28 juin 1607. De retour en France, il n'oublia jamais la contrée où il avait gémi comme esclave, et, au milieu de toutes les grandes et immortelles œuvres qu'il entreprit plus tard pour le soulagement de l'humanité souffrante, il songea également à secourir de toutes ses forces les malheureux chrétiens qui étaient captifs en Tunisie.

Comme le fait observer très justement M. E. de Sainte-Marie dans son *Essai sur l'histoire religieuse de la Tunisie,* saint Vincent de Paul, dont l'action fut considérable sur le gouvernement de trois rois (d'Henri IV, de Louis XIII et de Louis XIV), caressa longtemps le désir de voir les puissances chrétiennes se liguer pour aller châtier les Barbaresques et délivrer d'un seul coup les chrétiens esclaves. Ses vœux ne devaient être exaucés que deux siècles plus tard et par notre nation toute seule. Toutefois, avec le XVIIe siècle apparurent en Tunisie deux éléments nouveaux qui contribuèrent à y faire refleurir le christianisme : je veux dire la sollicitude plus grande des rois de France pour le sort des chrétiens et la mission créée par saint Vincent de Paul. « Ces éléments, ajoute M. E. de Sainte-Marie, exclusivement français tous les deux, se sont prêté un mutuel appui, et l'apostolat des fils de saint Vincent de Paul a été aussi efficace pour la protection et le rachat des captifs que l'ont été les diverses escadres françaises envoyées sur les côtes tunisiennes. »

Avant saint Vincent de Paul, il est vrai, les trinitaires et les religieux de la Merci, avec un zèle admirable et souvent au péril de leur vie, avaient affranchi d'innombrables esclaves et les avaient ramenés des rivages de la Barbarie jusque dans leur pays natal. Mais leur intervention en Tunisie n'avait jamais été que temporaire. Ce fut saint Vincent de Paul qui organisa le premier le service religieux dans la Barbarie et qui fit établir à Tunis un vicariat apostolique.

En retour d'un pareil bienfait, et afin d'honorer une pareille mémoire, Mgr Lavigerie a choisi cet apôtre par excellence de la charité pour en faire le patron de la cathédrale provisoire qu'il a fondée à Tunis, et celui de cette ville elle-même où, pauvre esclave, cet humble enfant des Landes avait jadis porté les fers, et où les chrétiens l'invoquent maintenant comme leur céleste protecteur.

LA GOULETTE

La Goulette est comme le faubourg maritime de Tunis, dont elle est séparée par le lac dit en arabe *el-Bahirah*. Ce lac, peu profond, communique avec un beau golfe au moyen d'un canal creusé probablement de main d'homme dès l'occupation phénicienne, et réparé à différentes époques. Les Arabes donnent à l'embouchure de ce canal dans la mer le nom de Foum el-Oued (*la bouche du canal*, mot à mot *de la rivière*, à cause du courant qui y règne), ou, plus ordinairement encore, de Halk el-Oued (*le gosier du canal*), dénomination que les Italiens ont traduite par la Goletta et les Français par la Goulette.

A droite et à gauche de ce canal s'allonge une double langue de terre se rattachant d'un côté, au nord, aux collines de Carthage, et de l'autre, au sud, à celle du village de Radès. Ce canal divise également en deux parties distinctes un bourg auquel il a donné son nom, ou, pour parler plus exactement, celui de son embouchure.

Les bâtiments marchands mouillent dans la rade, en dehors du canal et à une distance plus ou moins grande, selon l'importance de ces bâtiments; la rade, en effet, a peu de fond, ce qui contraint les gros navires de guerre à jeter l'ancre à plusieurs kilomètres de la Goulette, un peu au-dessous du cap Sidi-bou-Saïd, l'ancien cap Carthage. Cette rade est, du reste, vaste et assez sûre, si ce n'est toutefois quand les vents du sud-est ou ceux du nord-ouest y soufflent avec violence. Dans tous les cas, cet éloignement forcé de la ligne de mouillage rend longs et pénibles, quelquefois même dangereux, dans la mauvaise saison, l'embarquement et le débarquement, qui doivent se faire au moyen de simples balancelles. Il est question actuellement de créer un port en cet endroit, et différents projets dont il serait hors de propos d'entretenir le lecteur sont à l'étude en ce moment.

La Goulette est l'*oppidum Ligulæ* des Romains. Nous ignorons le nom qu'elle portait à l'époque

Entrée du port de la Goulette.

carthaginoise. La forteresse qui la défend du côté de la mer a subi plusieurs sièges; l'un des plus célèbres est celui qu'elle soutint en 1535 contre Charles-Quint, qui s'en empara, malgré les efforts d'une nombreuse garnison et l'habileté du fameux Kheir-ed-Din, plus connu sous le nom de Barberousse. Elle resta au pouvoir des Espagnols jusqu'en 1574. L'année précédente, don Juan d'Autriche en avait augmenté les défenses et en avait confié le commandement à l'intrépide Porto-Carrero. Celui-ci repoussa pendant quarante jours les assauts répétés de l'armée de Sinan-Pacha; enfin, après une résistance acharnée, il dut succomber au nombre, et toute la garnison fut passée au fil de l'épée. Le vainqueur, une fois maître de ce château fort, en ordonna la démolition; mais il fut ensuite reconstruit dans l'état à peu près où on le voit maintenant. Une batterie l'avoisine.

Depuis quelques années, l'importance toujours croissante de Tunis a naturellement amené à la Goulette un nouveau surcroît de population, et cette petite ville s'agrandit de jour en jour davantage, du moins dans son quartier nord; car, dans son quartier sud, séparé du premier par le canal que j'ai déjà mentionné, on ne remarque guère que l'arsenal et deux palais appartenant au bey. Le quartier septentrional constitue donc la bourgade proprement dite, dont la physionomie devient de plus en plus européenne, et qui contient près de la paroisse catholique une école de sœurs et une de frères.

La paroisse, fondée il y a trente-cinq ans environ, a été rebâtie presque complètement par le curé actuel, le R. P. capucin Vincent de Cottacciaro, qui, depuis une dizaine d'années, a consacré à cette œuvre considérable tout ce qu'il avait d'activité et tout ce qu'il a pu se procurer de ressources. L'église est grande et ornée de fresques et de peintures dans le goût italien. Elle est accompagnée d'un haut campanile, au sommet duquel on parvient au moyen d'un escalier fort élégamment construit. Quand on en a atteint le faîte et qu'on a jeté un coup d'œil sur les trois cloches qui y sont suspendues, on est ravi du vaste et imposant panorama qui de là se présente aux regards. A l'est se déroule au loin l'immense golfe de Tunis avec les rivages célèbres qui en dessinent les contours et avec les deux caps qui le terminent; au nord, les champs et les collines où s'élevait Carthage, et les cinq villages qui lui ont succédé apparaissent très nettement; au sud se dressent les hauteurs escarpées de Hammam-el-Lif, du Djebel Bou-Korneïn et du Djebel Ressas; à l'ouest enfin, par delà la petite ville de la Goulette et à l'extrémité occidentale du grand lac qui s'interpose entre elle et Tunis, blanchit et brille sous les rayons du soleil la masse un peu confuse de cette imposante cité.

La maison des sœurs de Saint-Joseph à la Goulette date du 1ᵉʳ février de l'année 1855. C'est Mˢʳ Sutter qui les fit venir alors, et qui leur donna une petite maison. Elles étaient au nombre de trois. En 1875, la population de la Goulette augmentant d'une manière notable, elles quittèrent leur premier local, qui était devenu insuffisant, et Mˢʳ Sutter acheta pour elles la maison beaucoup plus grande qu'elles occupent encore maintenant, sauf quelques magasins qui sont loués à des marchands par la mission. Aujourd'hui elles sont cinq sœurs, et le chiffre des élèves qui fréquentent leur établissement est de cent quarante-huit enfants ainsi réparties : dix-huit Françaises, soixante et onze Italiennes, quarante-deux Maltaises, seize israélites, une musulmane. La moitié tout au plus donne une très modique rétribution; les autres ne payent absolument rien. Là, comme partout, les bonnes sœurs de Saint-Joseph font le bien en silence et sans ostentation. En même temps qu'elles instruisent et forment l'enfance, elles soignent les malades qui viennent les consulter ou qu'elles vont voir à domicile.

L'école des garçons, tenue par les frères des Écoles chrétiennes, ne remonte pas au delà de l'année 1871. Les frères, au nombre de trois, qui furent envoyés les premiers pour la fonder, eurent d'abord beaucoup à souffrir; car, leur local n'étant pas prêt, ils durent faire la classe dans les couloirs du couvent des PP. capucins. Ils habitaient la Goulette depuis un an environ, quand le gouvernement italien créa une école italienne tout à côté de la leur, sous le nom de collège. Ce collège s'annonçait comme devant être tout à fait gratuit; aussi les frères virent-ils pendant les deux premières semaines la moitié environ de leurs élèves les abandonner pour aller au collège italien; mais bientôt presque tous demandèrent à rentrer. Actuellement l'école des frères compte cent quinze élèves, partagés en trois classes, et qui se décomposent comme il suit : un Grec, trois Espagnols, quatorze israélites, dix-sept Français, vingt-six Maltais et cinquante-quatre Italiens.

Quant à la population totale de la Goulette, elle est cette année de 4,909 habitants, dont 1,640 musulmans, 550 israélites et 2,719 chrétiens, à savoir : 7 Allemands, 9 Grecs, 10 Espagnols, 13 Anglais, 400 Français, 780 Maltais et 1,800 Italiens. Ces chiffres montrent que ce sont les Italiens qui dominent de beaucoup par le nombre; par conséquent pour que, dans cette localité, les frères français puissent lutter avec avantage contre le collège italien qui les avoisine, et qui, grâce aux ressources plus abondantes dont il dispose, peut accorder à tous les élèves qui le fréquentent la gratuité complète, il faut que leur enseignement soit regardé comme préférable à celui de leurs rivaux, et cela par les Italiens eux-mêmes, dont cinquante-quatre familles leur envoient leurs enfants, au lieu de les confier au collège de leur propre nation, où les places néanmoins ne manquent pas, et où, en outre, la gratuité la plus absolue est un appât fait pour les attirer.

A deux kilomètres de la Goulette, vers le nord-est, en suivant, entre le lac d'un côté et la mer de l'autre, une longue avenue qui commence à se border d'habitations européennes, on laisse à sa droite l'ancien palais de Kheir-ed-Din avec ses magnifiques jardins, que l'on vend maintenant par lots séparés, et un kilomètre plus loin, dans la même direction, on atteint l'hôpital français du Kram.

Il occupe une partie des jardins plantés de figuiers et d'oliviers qui appartenaient au prince Kelil, l'un des neveux du bey actuel Aly, et le nom arabe de Kram qu'il porte vient précisément des plantations au milieu desquels il est situé, ou plutôt dispersé; car ce n'est point un grand bâtiment ne formant qu'un seul corps, mais un assemblage de trente-deux baraques en bois, recouvertes d'un toit en tuiles rouges, et séparées les unes des autres. Chacune d'entre elles peut renfermer une vingtaine de lits. L'une de ces baraques est affectée au logement des dix sœurs de Saint-Joseph qui sont préposées aux soins des blessés et des malades. Dans une autre habite l'aumônier, près d'une grande salle convertie en chapelle. M. l'abbé Kerleau, qui remplit avec beaucoup de zèle ce pieux ministère, a bien voulu m'accompagner lui-même dans plusieurs salles et me donner les quelques renseignements que je reproduis ici.

BÉJA

Béja, l'ancienne Vacca ou Vaga, est situé sur le penchant d'une colline, à 107 kilomètres à l'ouest de Tunis et à 11 kilomètres au nord de Béja-gare et de la voie ferrée qui relie maintenant l'Algérie à la Tunisie. Une muraille d'enceinte l'environne de toutes parts; celle-ci est flanquée de distance en distance de tours carrées.

Une kasbah occupe le point culminant du pentagone irrégulier qu'elle forme. Toute cette enceinte, comme je l'ai déjà dit autrefois, me paraît antérieure, sauf quelques parties, à l'invasion arabe, et offre les caractères d'une reconstruction byzantine exécutée à la hâte avec des matériaux divers et plus anciens.

Du temps de Jugurtha, c'était une cité riche et commerçante. Elle se soumit volontairement aux Romains; mais ensuite, ayant, à l'instigation du prince numide, massacré par surprise pendant une fête publique la garnison qu'elle avait reçue dans ses murs, Métellus lui fit expier cruellement cette défection en la livrant à ses soldats. A l'époque chrétienne elle devint la résidence d'un évêque. Sous Justinien, comme nous l'apprend Procope, les murs qui entouraient jadis cette place furent relevés, et elle fut elle-même appelée Théodorias, en l'honneur de l'impératrice. C'est donc à cet empereur très probablement qu'il faut attribuer l'enceinte actuelle. Au XIe siècle de notre ère, au dire d'El-Bekri, Béja jouissait encore d'une grande célébrité. Aujourd'hui elle est bien déchue de son ancienne splendeur; mais de tous côtés, dans ses bazars, de nombreuses colonnes en marbre blanc, enlevées à des monuments antiques, attestent une prospérité depuis longtemps évanouie. Ses deux mosquées, consacrées, l'une à Sidi Abd-el-Kadher, l'autre à Sidna Aïssa, passent pour avoir succédé à des églises chrétiennes. Suivant les doctes mahométans de l'endroit, cette dernière aurait même été honorée de la présence de Notre-Seigneur Jésus, que les musulmans vénèrent sous le nom de Sidna Aïssa, sinon comme le Fils de Dieu, du moins comme l'un de ses plus augustes prophètes après Mahomet.

Malgré la profonde décadence où elle est tombée, Béja, à cause de la fertilité de ses environs, qui abondent en céréales, est toujours demeurée l'un des marchés les plus importants, pour le commerce des grains, de toute la contrée que les Arabes désignent par l'expression générique de Frikia ou Ifrikia, c'est-à-dire d'Afrique proprement dite, expression dans laquelle ils comprennent la plus grande partie du nord de la Tunisie, et notamment tout le bassin de la Medjerdah, le Bagradas de l'antiquité.

Sa population actuelle est de 4,500 habitants, dont 3,660 musulmans, 800 israélites et 50 Maltais. On voit que le chiffre des chrétiens y est très peu considérable; mais tout porte à croire que, dans un avenir assez rapproché, quand l'intervalle de 11 kilomètres qui sépare Béja de sa gare pourra être franchi seulement, soit au moyen d'une petite ligne de chemin de fer raccordée à la grande, soit tout simplement par l'établissement d'un service de tramways, cette ville prendra peu à peu de nouveaux accroissements. Aussi Mgr Lavigerie, pressentant les développements futurs qu'elle est destinée, selon toute apparence, à prendre, et prévoyant qu'une population européenne plus nombreuse ne peut manquer d'y affluer, y a fondé, en 1882, une école de filles, dont il a confié le soin à trois religieuses des missions d'Afrique. Il a loué pour elles, sur la principale place de Béja, le premier étage d'une maison, où elles ont leur modeste installation. En même temps qu'elles instruisent une trentaine de petites filles, soit maltaises, soit israélites, elles visitent les malades à domicile, et se sont ainsi attiré les sympathies de tous les habitants. J'ai vu avec plaisir dans les rues les musulmans eux-mêmes s'empresser de leur céder respectueusement le pas, quand elles se rendaient de leur école à l'humble chapelle qui sert de paroisse provisoire aux catholiques de Béja. C'est là que, tous les dimanches matin, un prêtre parti de Tunis vient célébrer la messe. Il faut que cet ecclésiastique, après avoir franchi en chemin de fer, — ce qui est un peu long, mais facile, — les 107 kilomètres qui séparent Tunis de la gare de Béja, achève ensuite les 11 kilomètres qui lui restent à parcourir dans une mauvaise voiture où l'on est affreusement cahoté, l'hiver surtout, quand les chemins sont défoncés par la pluie. Mais, quelque temps qu'il fasse, il accomplit toujours ce voyage, sachant qu'il est impatiemment attendu par la population maltaise, et principalement par les bonnes sœurs de Béja, qui n'ont qu'une fois par semaine la consolation d'assister aux divins mystères.

BIZERTE

J'ai écrit autrefois avec quelques détails la route que l'on suit pour se rendre par terre de Tunis à Bizerte. Aujourd'hui je me borne à l'indiquer beaucoup plus sommairement.

Après cinq heures de marche dans la direction du nord-nord-ouest, tantôt à travers des collines plantées d'oliviers, tantôt au milieu de belles plaines cultivées en blé et en orge, on franchit sur un pont moderne l'Oued-Medjerdah.

Cet oued, le plus considérable de la Tunisie, n'est autre que le fameux Bagrada ou Bagradas de l'antiquité, sur les bords duquel, s'il faut en croire les historiens anciens, Régulus eut à lutter contre un serpent monstrueux qui défia un instant tout l'effort de son armée.

Les rives du même fleuve et les vastes champs qu'il arrose furent témoins plusieurs fois de combats moins fabuleux entre les Carthaginois et les Romains. Il coule entre des berges plus ou moins escarpées, traversant de l'ouest-sud-ouest au nord-est la régence de Tunis dans toute l'étendue de sa largeur. Il se jette actuellement dans la mer, un peu au sud du lac de Porto-Farina ; jadis son embouchure paraît avoir été plus rapprochée de Carthage, par conséquent plus méridionale. Le déplacement de son lit dans cette dernière partie de son cours et les terrains d'alluvions auxquels ont donné naissance ses eaux limoneuses ont changé un peu sur ce point la configuration du pays.

Quelques kilomètres au nord de l'Oued-Medjerdah, on laisse à sa droite, à une faible distance, le hameau de Bou-Chater, misérable reste de la célèbre Utique, cette sœur aînée de Carthage, qui seule l'éclipsait jadis en magnificence et la dépassait en étendue, et depuis longtemps comme elle détruite de fond en comble. Le nom même qu'elle portait dans l'antiquité a péri de nos jours parmi les habitants de la contrée, et j'ai éprouvé, en 1860, je ne sais quelle amère

Bizerte.

tristesse en parcourant ces ruines solitaires, lorsque j'ai constaté le peu qui subsistait alors debout et d'apparent de cette grande cité. Depuis cette époque, des fouilles y ont été exécutées par M. Daux et ensuite par M. d'Hérisson, et ces fouilles ont amené d'intéressantes découvertes. M. Daux surtout a pratiqué sur beaucoup de points de son sol des tranchées profondes qui lui ont permis de retrouver çà et là quelques linéaments de sa configuration primitive et les vestiges de plusieurs de ses puissantes constructions.

Fondée près de douze siècles avant Jésus-Christ, Utique est l'une des plus anciennes colonies que Tyr ait établies sur la côte d'Afrique. Plus tard, lorsqu'une autre colonie phénicienne eut donné naissance à Carthage, malgré les rapides développements de cette dernière ville, qui acquit bientôt une prépondérance toujours croissante, elle conserva son indépendance et continua à former une république libre, gouvernée par un sénat et par des suffètes. Néanmoins elle finit par reconnaître la suprématie et par subir le patronage dominateur de sa sœur cadette.

L'an 300 avant J.-C., elle tomba au pouvoir d'Agathocle. Après la première guerre punique, ayant pris part à l'insurrection des mercenaires, elle en fut sévèrement punie par Carthage.

Dans le cours de la seconde guerre punique, elle vit son territoire souvent ravagé par les Romains. L'an 204 avant J.-C., Scipion l'assiégea longtemps par mer et par terre; mais elle résista victorieusement à toutes ses attaques.

Au commencement de la troisième guerre punique, elle se soumit aux Romains, et quand Carthage eut succombé, l'an 146 avant J.-C., elle devint elle-même la métropole de l'Afrique et la résidence du proconsul romain. C'est dans ses murs que, l'an 40 ans avant J.-C., Caton essaya de défendre un instant contre César les derniers débris de la république; mais la fortune favorisa son rival. Pour échapper à la honte de subir son joug ou plutôt sa clémence, et pour ne pas survivre à la liberté de sa patrie, il se déroba, comme on le sait, par une mort volontaire à une défaite inévitable.

Sous Auguste, Utique obtint le droit de cité romaine. Lorsque Carthage se releva de ses ruines, elle perdit sa prépondérance pour redescendre au rang de seconde ville de l'Afrique. A l'époque chrétienne, elle devint le siège d'un évêché et compta de nombreux martyrs.

L'invasion des Arabes lui fut fatale, et, bientôt détruite par eux, elle fut dès lors effacée de l'histoire.

Mais il est temps maintenant de reprendre notre marche vers Bizerte.

Au nord de Bou-Chater, le village d'El-Aoudja paraît avoir succédé à la petite ville de Membrone, marquée dans l'*Itinéraire* d'Antonin comme étant située à six milles au nord d'Utique, sur la route de Carthage à Hippone-Zaryte. La *Table* de Peutinger indique à la même distance d'Utique et sur la même route la ville de Membione, qui doit être confondue évidemment avec celle de Membrone.

A l'est d'El-Aoudja, se montre à une heure d'intervalle la bourgade de Rhar-el-Melah. Jadis beaucoup plus importante que maintenant, quand son port plus profond était l'un des principaux de la régence, elle est généralement désignée par les Européens sous le nom de Porto-Farina. Le cap qu'elle avoisine est très probablement le Promontorium Apollinis des Romains; mais son nom indigène était Ruscinona, comme nous l'apprend un passage de Tite-Live [1].

Shaw [2], en citant ce passage, remarque que le mot Ruscinona, qui est phénicien, signifie proprement *le promontoire des vivres*, et en particulier *du blé*; de telle sorte que l'appellation moderne et italienne de Capo-Farina donnée à ce même cap ne serait que la traduction littérale de la dénomination phénicienne. Si cette identifi-

---

[1] XIII, x.
[2] *Voyages dans plusieurs provinces de la Barbarie et du Levant*, t. I, p. 183 (traduct. française).

cation est fondée, on peut également penser que la petite ville de Rhar-el-Melah, ou de Porto-Farina, n'a fait que succéder à un comptoir antique appelé de même Ruscinona, et qui était un entrepôt maritime pour le transport des blés.

Bientôt on aperçoit, à sa droite, le village d'El-Alia situé sur une hauteur, et qui s'appelait autrefois Cotuza. Ensuite on commence à longer les bords orientaux du grand lac de Bizerte, et, après avoir laissé à sa gauche Menzel-Djemil, on arrive enfin à Bizerte.

Cette ville, par la voie la plus directe, est à 65 kilomètres au nord de Tunis. Le nom de Ben-Zerte qu'elle porte en arabe, contracté en celui de Bizerte, est une altération évidente, dans sa dernière partie, du surnom antique Zaritus ou Zarylus, donné jadis à la ville de Hippo, pour la distinguer de Hippo-Regius, située plus à l'ouest, et qu'a remplacée, à une faible distance de la position qu'elle occupait, la ville moderne de Bône.

Ce surnom de Zaritus ou Zarytus paraît emprunté à la langue phénicienne; les Grecs le traduisaient par l'épithète διάρρυτος (diarrhytus); il était dû au canal qui traverse la ville, et qui doit être l'ouvrage des anciens Tyriens fondateurs de cette cité. Ce canal avait pour but de mettre en communication avec la mer l'immense lac dont j'ai déjà parlé et qui, en lui ménageant de ce côté une issue plus large et plus profonde que celle qui existe maintenant, deviendrait, avec des frais estimés peu considérables par les ingénieurs, l'un des ports les plus sûrs et les plus vastes de la Méditerranée. Si ce projet s'accomplit un jour, Bizerte prendra certainement une très grande importance. Maintenant c'est une ville morte, et dont toute la marine consiste en un petit nombre de barques destinées à la pêche du lac, qui est extrêmement poissonneux, et qui abonde surtout en mulets très renommés.

Sa population est de cinq mille musulmans, de huit cents israélites et de deux cent cinquante chrétiens, la plupart Italiens ou Maltais. En outre, deux compagnies de soldats français logent dans la kasbah. Les musulmans vivent dans une enceinte fortifiée, percée de quatre portes ; les Européens habitent une petite île formée par les deux bras du canal en question, et à laquelle deux ponts donnent accès. Enfin un faubourg appelé Houmt-Andles (quartier des Andalous) sert encore aujourd'hui d'asile à plusieurs centaines de Maures, descendants de ceux qui furent autrefois expulsés d'Espagne.

Le curé de la paroisse catholique, le R. P. Jérémie, que j'avais connu en 1860, a été, en

1868, assassiné dans son propre presbytère par des Siciliens. Il a eu pour successeur, en 1869, le R. P. Alexandre de Varrazze, de la province de Gênes.

Ce religieux capucin a déployé, depuis son arrivée à Bizerte, une activité et un zèle dignes d'être signalés. A peine installé dans sa pauvre cure, encore toute souillée du sang de son malheureux prédécesseur, il entreprit de rebâtir l'humble chapelle où ses paroissiens se réunissaient jusqu'alors, et de la transformer en une véritable église assez vaste pour contenir six cents personnes, et par conséquent le double de la population chrétienne confiée actuellement à ses soins; car il espère que le port projeté dans le lac se fera, et qu'alors de nouveaux chrétiens viendront augmenter le nombre de ses paroissiens.

Pour s'attirer la bienveillance de tous les habitants, des musulmans, des israélites, aussi bien que des catholiques, comme il possède quelques connaissances médicales et pharmaceutiques, il s'est fait médecin et pharmacien gratuit. Ensuite, quand il a vu que l'opinion lui était devenue favorable, il a jeté, en 1871, les fondations de son église, dont il a été à la fois l'architecte, le maçon, le charpentier, le menuisier et le peintre. Trois ans après, elle était bénite solennellement par Mgr Fedele Sutter. Elle est dédiée à saint Joseph, et un autel spécial y est consacré à sainte Restituta, qui fut martyrisée autrefois à Hippo-Zaritus.

A côté de son église, qu'il a cherché à orner de son mieux, est son couvent, qui est des plus modestes. Une salle au rez-de-chaussée est affectée à une école de garçons; il y instruit lui-même une vingtaine d'enfants, Italiens, Maltais, Français et israélites, auxquels il fait la classe en italien. Il ne connaît, en effet, que trop imparfaitement le français pour pouvoir leur enseigner également cette langue, que la plupart d'entre eux désirent beaucoup apprendre. Je lui ai suggéré alors la pensée de faire venir d'Italie ou de France un frère capucin sachant bien le français, et qui, sous sa direction, serait chargé de ce cours. Cette idée lui a souri, et, comme c'est un homme entreprenant et infatigable, je ne doute pas qu'il ne cherche à la réaliser, surtout si on vient à son secours et qu'on lui fournisse les moyens d'exécuter ce projet.

De la paroisse catholique de Bizerte, j'ai été voir l'école de sœurs de Saint-Joseph. Elle date du 1er décembre 1882. Le local en est des plus simples, mais propre et bien tenu. Les sœurs sont réduites actuellement au chiffre de deux religieuses, mais elles sont secondées dans leur œuvre par une de leurs anciennes élèves, qui montre beaucoup d'aptitude et de zèle pour l'enseignement. Elles font la classe à soixante-quatre externes, dont huit Françaises, douze Maltaises, quatorze israélites et trente Italiennes. Elles ont ouvert, en outre, un asile destiné aux petits garçons de trois à sept ans, et qui est d'ordinaire fréquenté par une dizaine d'enfants. Enfin, là comme partout, elles visitent les malades, et se montrent les dignes auxiliaires de leur vénérable curé dans les soins désintéressés qu'elles leur donnent.

―――――

SOUSA

De retour à Tunis, après l'excursion de Bizerte, que le lecteur daigne maintenant m'accompagner jusqu'à Sousa, soit par mer, en doublant le cap Bon et en contournant toute la presqu'île de ce nom, soit par terre, en suivant vers le sud-est à travers cette presqu'île, puis vers le sud, le long du rivage, les différentes étapes que j'ai faites autrefois et décrites alors avec soin.

Les principales localités que l'on rencontre, si l'on adopte cette dernière voie, sont : Hammam-el-Lif, qui possède des eaux thermales très précieuses; Groumbélia et Belad-Tourki, villages de six cents habitants, qui, de même que le précédent, ont succédé à des bourgades antiques ; Bir-el-Arbaïn, qu'avoisinent les ruines du municipium Aurelia-Vina; la petite ville d'Herglah, qu'entourent de fertiles jardins et qui est l'Horrea-Cœlia de l'*Itinéraire* d'Antonin, l'un des évêchés de la Byzacène; Hammam-Sousa; enfin l'on atteint Sousa.

Cette ville est l'ancienne Hadrumetum, jadis capitale de la Byzacène. C'était une colonie phénicienne, ainsi que les autres places de commerce, ou *emporia*, établies sur la côte. Elle souffrit beaucoup dans la campagne de César en Afrique. Sous Trajan, elle obtint le titre de colonie romaine. A l'époque chrétienne, devenue le siège d'un évêché, elle compta plusieurs martyrs célèbres dans les annales de l'Église. Renversée par les Vandales, relevée par Justinien, elle tomba ensuite au pouvoir des Arabes. L'an 212 de l'hégire (827 de notre ère), Ziadet Allah ben Aghlab la fortifia. En 1537, elle fut attaquée par une flotte hispano-maltaise, qu'avait envoyée Charles-Quint au secours de son allié Moulay-Hassan, et en 1770 elle fut bombardée par une flotte française. Enfin, de nos jours, le 10 septembre 1881, elle ouvrit, sans coup férir, ses portes aux troupes françaises.

Comme elle s'élève en pente sur une colline le long du rivage, elle offre à distance, quand on y arrive par mer, un aspect des plus agréables. L'enceinte, crénelée et flanquée de tours carrées, qui l'enferme, affecte la forme d'un parallélogramme un peu irrégulier, dont le pourtour peut être évalué à deux mille six cents mètres. Cette enceinte est percée de trois portes; ce sont : *Bab-el-Gharbi* (porte de l'Occident), vers le milieu de la branche occidentale de la muraille; *Bab-el-Bahar* (porte de la Mer), au nord-est; et *Bab-el-Djedid* (porte Neuve), sur la branche orientale des remparts. A l'angle sud-ouest, qui est en même temps le point culminant de la place, est la kasbah ou citadelle, elle-même dominée par une tour plus élevée, appelée *En-Nadour* (l'Observatoire).

La population totale est de six mille musulmans, trois mille israélites et quatorze cents chrétiens, Italiens, Maltais et Français. Les musulmans possèdent une douzaine de mosquées, les israélites ont deux synagogues. Les chrétiens étaient encore réduits, en 1860, à une très humble chapelle, cachée au fond de la cour d'une maison particulière, et qui était loin de pouvoir les contenir tous. Aujourd'hui ils se réunissent dans une église beaucoup plus grande et plus ornée, mais qui néanmoins ne suffira bientôt plus au nombre toujours croissant des catholiques de Sousa. Cette église est due principalement aux efforts, aux quêtes et au dévouement d'un saint religieux, le R. P. Augustin de Reggio, qui est mort en 1882, et qui, lui aussi, comme plusieurs autres de ses confrères, n'hésitait pas, quand il s'agissait de la gloire de Dieu et des besoins spirituels de ses ouailles, à descendre jusqu'aux métiers les moins relevés et à faire servir, pour la construction de sa nouvelle église, aux travaux de menuisier et de maçon, les mêmes mains qui tenaient tous les jours l'hostie sainte à l'autel.

L'école des sœurs de Saint-Joseph à Sousa est toujours sous la direction de la sœur Joséphine, comme elle l'était en 1860, quand je visitai cette maison pour la première fois. Voici dans quels termes je parlai alors de cette religieuse[1] : « Les sœurs de Saint-Joseph sont au nombre de cinq. Leur supérieure, la sœur Josephine, est une femme de tête et de mérite. Installée à Sousa

---

[1] *Voyage archéologique dans la régence de Tunis*, t. I, p. 102.

depuis une vingtaine d'années, elle est très respectée des musulmans eux-mêmes, qui ont appris à connaître son dévouement et son courage, prin-

Sousa.

cipalement à l'époque du dernier choléra. Médecin et même chirurgien au besoin, elle prodigue tous les jours aux malades qui viennent la voir ses soins, ses conseils et ses médicaments. Elle a su, en effet, par de véritables miracles d'économie et avec des ressources extrêmement limitées, fonder une petite pharmacie à l'usage des pauvres. En même temps qu'elle soigne les malades, elle élève l'enfance, de concert avec les quatre autres sœurs qui secondent son pieux ministère. Une cinquantaine de petites filles, dont vingt environ appartiennent à des familles aisées et payent pension, et trente, à cause de l'indigence de leurs parents, ne sont soumises à aucune rétribution, suivent les leçons de ces vertueuses institutrices, auxquelles il ne manque qu'un local plus considérable pour faire participer un plus grand nombre d'élèves au bienfait d'une éducation sérieuse et chrétienne. Malheureusement la maison qu'elles occupent se ressent de l'exiguïté de leurs moyens d'existence. Leurs cinquante petites filles sont entassées dans deux chambres étroites, où elles étouffent pendant l'été ; dans une troisième, elles réunissent une vingtaine de petits garçons, âgés de moins de sept ans, dont elles se sont chargées à la demande de plusieurs familles. »

Depuis que ces lignes ont été écrites, l'école des sœurs de Sousa, grâce au zèle et à la bonne administration de la même supérieure, a prospéré et s'est agrandie peu à peu. A la place de la petite maison où elles étaient si fort resserrées, elles ont pu s'en procurer une autre beaucoup plus vaste, dans laquelle elles ont plusieurs classes pour cent quarante-quatre élèves, dont quarante-neuf Françaises, quarante-quatre Italiennes et cinquante et une Maltaises. En outre, la sœur Joséphine espère faire bientôt l'acquisition d'une petite maison attenante, où elle a l'intention d'établir deux asiles, un pour les petites filles et un autre pour les petits garçons. Tel est le dernier complément qu'avant de mourir elle désire ajouter à la chère école qu'elle dirige depuis tant d'années avec une sollicitude infatigable. Accablée par l'âge, car elle est presque octogénaire, et aussi par les labeurs d'une vie consacrée tout entière au sacrifice d'elle-même et au service des autres, elle est de la part de tous les habitants de la ville l'objet d'une vénération profonde. Quand un malade, un infirme ou un blessé se présente au dispensaire attaché à sa maison, c'est toujours elle qui, de sa main tremblante, mais encore pleine d'énergie, veut le soigner.

En la revoyant après vingt-cinq ans d'intervalle, je m'inclinai avec respect devant cette doyenne de la charité en Tunisie, et nous échangeâmes ensemble de nombreuses questions. Lorsque je fus sur le point de la quitter, probablement pour toujours, je lui dis en m'agenouillant devant elle : « Ma sœur, j'ai une faveur à vous demander. Donnez-moi, je vous prie, votre bénédiction, et daignez bénir aussi, dans ma personne, ma femme et mes enfants. » Elle s'y refusa d'abord par humilité ; mais ensuite elle y consentit avec une grande bonté, et pendant qu'elle appelait sur ma famille et sur moi-même toutes les bénédictions d'en haut, il me sembla que c'était ma défunte et pieuse mère qui revenait à la vie pour me bénir une seconde fois. Je sortis, comme on le pense bien, tout ému de la maison des sœurs, et de là je m'acheminai vers le collège français. Fondé par Mgr Lavigerie vers la fin de l'année 1883, il avait pour supérieur, au moment où je le visitai, M. l'abbé Thévin, chanoine honoraire d'Alger et aumônier de la garnison de Sousa, qu'assistaient trois clercs du diocèse de Carthage. Sous l'habile et intelligente direction de cet ecclésiastique distingué, il renfermait déjà une centaine d'élèves, répartis en trois classes. La première contenait vingt-quatre élèves, la seconde trente, et la troisième quarante-six. Les deux premières, composées de Français, d'Italiens et de Maltais, ne payaient qu'une très modique rétribution ; la troisième, qui ne comptait que des Maltais et des Italiens, était entièrement gratuite.

Voici ce que dit de ce collège M. Machuel

dans son dernier rapport (p. 33), et je suis heureux de reproduire les lignes suivantes, émanées du directeur de l'instruction publique en Tunisie :

« L'école française de Sousse est une des mieux tenues de la régence. Créée il y a dix-huit mois à peine, elle n'a pas tardé à prospérer, grâce au dévouement de l'aumônier militaire, M. l'abbé Thévin, qui s'est chargé de la diriger. Les jeunes Européens qui fréquentent cette école ont fait en quelques mois des progrès vraiment remarquables ; la plupart savent aujourd'hui lire, écrire et calculer. Les plus avancés ont des notions assez complètes d'histoire, de géographie et de grammaire française. Plusieurs écoliers sont à même de réciter un certain nombre de morceaux français, en prose et en vers, et l'on voit, à la manière dont ils débitent ces morceaux, qu'ils en comprennent parfaitement le sens. J'ai éprouvé, ajoute M. Machuel, une réelle satisfaction en inspectant l'école de Sousse, et je me fais un devoir de signaler les efforts des maîtres et des élèves de cet intéressant établissement. »

Après cet éloge officiel, rendu d'une manière si expresse par un juge des plus compétents, je n'ai plus qu'à me taire, où plutôt je me sens plus autorisé encore à émettre publiquement le vœu qu'un collège qui a si bien débuté dans l'enseignement continue à rendre à Sousa les services que l'on attend de cet établissement. Cela est d'autant plus important, que le gouvernement italien a créé en 1882 et soutient dans cette ville une école italienne, qui n'aspire qu'à supplanter le collège français et à lui enlever une partie de ses élèves.

Depuis mon retour en France, j'ai appris que M. l'abbé Thévin avait été appelé à d'autres fonctions par Mgr Lavigerie, et que, pour assurer davantage encore l'avenir de cet établissement en le confiant à une compagnie religieuse, ce prélat l'avait remis entre les mains des frères marianites.

J'ai dit plus haut que la population israélite de Sousa atteignait le chiffre de trois mille âmes. Aussi l'Alliance israélite de Paris n'a-t-elle pas manqué d'établir dans cette ancienne capitale de la Byzacène une école israélite, que j'ai été visiter. Cette école est installée dans une maison spacieuse et commodément distribuée. Elle contient six classes, fréquentées par cent quatre-vingts enfants, dont cinquante-neuf payent une très modique rétribution, et les autres viennent gratuitement et même reçoivent la soupe à midi, afin de ne pas être obligés de retourner dans leurs familles respectives avant le repas du soir. En outre, plusieurs enfants sont placés en apprentissage par l'école et surveillés par elle. Cet établissement, qui fonctionne très bien, grâce aux ressources dont il dispose, a comme personnel enseignant deux professeurs brevetés et trois moniteurs.

MONASTIR

La ville de Monastir, que les Arabes, par abréviation, prononcent quelquefois Mistir, est située à vingt et un kilomètres au sud-est de Sousa. Elle passe pour avoir succédé à l'ancienne Ruspina, qui fut la principale base des opérations militaires de César en Afrique. A l'époque de l'invasion arabe, elle n'avait plus qu'une importance secondaire, et renfermait probablement un grand monastère chrétien, d'où sera dérivée la dénomination de la cité musulmane actuelle.

Cette ville s'élève sur une presqu'île, non loin d'un promontoire auquel elle a donné son nom. Elle est entourée d'un mur crénelé, et flanqué de tours de distance en distance. Cinq portes donnent entrée dans son enceinte. A l'angle nord-est, la kasbah ou citadelle est, comme celle de Sousa, commandée par une haute tour appelée En-Nadour. Monastir possède en outre deux châteaux extérieurs : Bordj-el-Kébir, qui protège le mouillage, et Bordj sidi Mansour, situé entre le mouillage et la ville.

Quand je visitai celle-ci, en 1860, on ne comptait dans son sein que fort peu d'Européens. Aussi la religion chrétienne n'y était-elle point pratiquée publiquement, et elle n'y était représentée par aucune chapelle, aucun ministère du culte ni aucune école. Aujourd'hui on y compte plusieurs centaines de chrétiens, Italiens, Maltais et Français, mêlés à six mille musulmans et qui possèdent une église nouvellement bâtie, qu'administre un vénérable religieux capucin, le R. P. Joseph-Antoine de Malte. Non loin de l'église est une école de création récente, qui date de 1882, et que dirigent quatre sœurs de Saint-Joseph. Elles y instruisent une soixantaine de petites filles et une vingtaine de petits garçons au-dessous de sept ans. La supérieure, la sœur Clémence, est en même temps chargée du soin des malades qui viennent la consulter ou qu'elle va voir à domicile.

Il m'a été impossible, à mon grand regret, de visiter moi-même cette école, n'ayant pas pu débarquer à Monastir le jour où le paquebot qui fait les escales de la côte passait devant cette

Monastir.

ville; mais les quelques renseignements que je viens de fournir sur cet établissement m'ont été donnés par des habitants de Sousa, qui le connaissaient parfaitement et qui ne tarissaient point en éloges sur le zèle des sœurs de Monastir et sur l'excellente tenue de leur maison.

MAHÉDIA

J'ai eu le temps, au contraire, de débarquer à Mahédia et de jeter un nouveau coup d'œil sur cette ville.

Derrière moi j'ai laissé les ruines de Leptis-Minor et celles de Thapsus.

Leptis-Minor ou Leptis-Parva, ainsi nommée pour la distinguer de Leptis-Major ou Leptis-Magna (aujourd'hui Lebida), dans la Tripolitaine, faisait partie des *emporia* de la côte. Il en est question pour la première fois dans le Périple de Scylax. A l'époque des guerres de César en Afrique, elle était défendue par de puissantes fortifications. Pline la cite parmi les villes libres.

Dans la notice des évêchés de la Byzacène, il est fait mention d'un *episcopus Leptiminensis*.

Sous Justinien, cette place était une des deux

résidences du commandant militaire de la Byzacène.

Détruite probablement au moment de l'invasion arabe, elle n'offre plus actuellement qu'un amas de débris confus, au milieu desquels on remarque surtout ceux d'un aqueduc et d'un amphithéâtre.

Au sud de l'emplacement qu'elle occupait est un petit village appelé Lemta, dont le nom rappelle celui de Leptis.

Quant à la ville de Thapsus, si célèbre par la grande victoire que César remporta sous ses murs sur Scipion et le roi Juba, elle est également aujourd'hui complètement renversée. Le terrain qu'elle couvrait a été livré à la culture; en sorte que non seulement les traces de ses maisons ont disparu, mais que même la plupart des monuments publics ont été comme effacés du sol jusque dans leurs fondements. J'en excepte les débris encore reconnaissables d'une belle jetée qui protégeait son port, ceux d'un amphithéâtre, d'un château et d'un aqueduc, et un ensemble de vastes citernes. Thapsus est une ville d'origine fort ancienne. C'était l'un des comptoirs maritimes des Carthaginois. Mentionnée comme place forte par Hirtius, elle osa, même après la défaite de Scipion et de Juba par César, résister encore au vainqueur, auquel elle ne se soumit qu'un peu plus tard, quand Utique lui eut ouvert ses portes. A l'époque chrétienne, elle était la résidence d'un évêque.

A partir de l'invasion arabe, il n'en est plus parlé dans l'histoire.

Mahédia, que sépare de Monastir par mer, dans la direction du sud-est, la distance de cinquante kilomètres environ, était jadis très imposante, comme le témoignent les auteurs arabes. Maintenant elle est bien déchue de sa puissance et de sa splendeur. De belles et épaisses murailles, percées de nombreuses brèches, des tours découronnées de leurs créneaux ou même fendues jusqu'à leur base, beaucoup de maisons détruites ou très délabrées, plusieurs mosquées démolies, d'autres tombant de vétusté, partout l'image de la désolation et de la mort : tel est le spectacle qu'offre actuellement Mahédia. Depuis le jour où elle a été démantelée par les ordres de Charles-Quint, elle ne s'est jamais relevée de sa décadence et de sa ruine, et elle n'a plus joué aucun rôle dans l'histoire.

L'époque de sa plus grande prospérité date de sa fondation même, c'est-à-dire de l'an 300 de l'hégire (912 de l'ère chrétienne). Dans cette année, en effet, elle fut fondée par Obeid-Allah, surnommé El-Madhi, qui lui communiqua son surnom.

En 1147, les Siciliens s'en emparèrent.

En 1160, les Arabes parvinrent à la reconquérir.

En 1390, le duc de Bourbon l'assiégea vainement avec une flotte composée de Génois et de Français.

En 1519, elle résista également d'une façon victorieuse à Pierre de Navarre; mais en 1551, après des assauts sanglants et plusieurs fois répétés, elle finit par tomber au pouvoir des Espagnols, qui en réparèrent les fortifications pour les démolir bientôt après, avant de l'évacuer.

La ville couvre une langue de terre qui s'avance dans la mer de l'ouest à l'est et qui peut avoir quatre kilomètres de pourtour; l'isthme qui la rattache au continent a sept cents mètres de large. La kasbah occupe le point culminant de la presqu'île. Celle-ci, avant de servir d'assiette à la cité arabe qui subsiste encore aujourd'hui, et qui ne compte plus que cinq mille musulmans, avait, à une époque beaucoup plus reculée, attiré l'attention des Phéniciens, qui y avaient établi l'un de leurs comptoirs maritimes et creusé dans le roc vif un petit port, depuis longtemps en partie comblé.

En 1860, je n'avais trouvé à Mahédia qu'une misérable chapelle renfermée dans une maison particulière, desservie par le R. P. Félix de

Ferrare, religieux capucin, et fréquentée par cent quatre-vingts catholiques, en y comprenant quelques familles d'une bourgade voisine. Actuellement la population chrétienne de cette localité a plus que doublé; car, d'après les renseignements qui m'ont été fournis par M. Crétin, agent consulaire de France en cet endroit, elle est de quatre cent quatre-vingt-quinze individus, dont deux cent quatre-vingts Italiens, deux cent quatre Maltais et onze Français. Aussi, depuis une douzaine d'années, l'ancienne chapelle a dû être remplacée par une église plus grande, qui est administrée par le R. P. Vitalien, de Tiriolo, dans les Calabres. Charitable, modeste, empressé à visiter les malades, malgré son grand âge et ses infirmités, ce bon curé jouit à Mahédia de l'estime générale.

A une faible distance de la paroisse, les sœurs de Saint-Joseph ont fondé, il y a deux ans et demi, une école dans une maison arabe qui a été appropriée à ce nouvel usage. Elles y élèvent, dans deux classes distinctes, une soixantaine de jeunes filles de toute nationalité et de toute religion, auxquelles elles apprennent la langue française, un peu de géographie et d'histoire, les premiers éléments du calcul et les travaux les plus usuels de la couture.

A cette école est annexé un asile de petites

filles, où viennent pareillement un certain nombre de petits garçons. L'une des trois sœurs qui dirigent cette école consacre également une partie de son temps et son dévouement au service des malades.

Depuis l'ouverture de l'établissement des sœurs de Saint-Joseph à Mahédia, l'Alliance israélite y a créé, de son côté, une école pour les garçons appartenant à la colonie juive, qui compte dans cette ville cinq cents âmes.

Comme les sœurs ne peuvent pas au delà de l'âge de sept ans garder les petits garçons qui leur sont confiés, et que les enfants chrétiens qui sont plus âgés sont contraints ou de ne point aller à l'école du tout ou de fréquenter celle des israélites, il serait urgent de fonder pour eux à Mahédia une école chrétienne. Pour cela, comme me le faisait remarquer très justement M. l'agent consulaire de France, le moyen le plus simple et le plus économique en même temps serait d'adjoindre au R. P. Vitalien un jeune vicaire qui connût bien le français, et qui fût d'ailleurs assez instruit pour remplir convenablement les fonctions d'instituteur.

SFAX

On peut se rendre de Mahédia à Sfax, soit par terre, en suivant à cheval le littoral dans la direction du sud, puis du sud-ouest, l'espace de cent vingt kilomètres environ ; soit par mer, au moyen de l'un des paquebots qui font la côte.

Si l'on préfère la voie de terre, qui permet d'étudier le pays, on peut visiter, chemin faisant, non loin à l'est de Ksour-es-Sef, les ruines de Selekta, jadis Sullecti ou Syllectum, citée par Procope comme la première étape de Bélisaire dans sa marche de Caput-Vada à Carthage ; les vestiges d'El-Alia, qui passe pour être l'ancienne Acholla de Tite-Live, l'Achilla d'Hirtius ; la presqu'île du Ras-Capoudiah, le Caput-Vada de l'antiquité, où Bélisaire débarqua en Afrique, qu'il fortifia et où s'éleva plus tard la ville de Justinianopolis, elle-même détruite, et qui avait été fondée pour consacrer le souvenir de l'heureux débarquement et des victoires des troupes impériales ; près de là les débris peu considérables de

Ruspæ, siège de l'un des nombreux évêchés de la Byzacène; plus au sud encore, l'henchir Inchilla, que l'on identifie généralement avec l'Usilla de Ptolémée ou l'Usula civitas de l'*Itinéraire* d'Antonin, siège d'un autre évêché; enfin l'on fait halte à Sfax.

Ce chef-lieu de l'*outhan* ou district de ce nom se divise en deux villes. La ville haute, ou la ville proprement dite, est réservée aux musulmans; elle contient huit mille habitants. Environnée d'un mur crénelé, elle est flanquée de tours, les unes rondes, les autres carrées ou hexagones, et dont plusieurs portent encore la trace, ainsi que sa kasbah, du bombardement que, le 16 juillet 1881, elle a subi de la part de l'escadre de l'amiral Garnault, lorsqu'elle essaya contre les Français une inutile résistance. Elle compte cinq mosquées, plusieurs zaouïas et trois médrécés. Les bazars sont bien fournis, et ses marchés abondent en légumes et en fruits, grâce à la vaste zone des nombreux jardins qui l'entourent.

De la ville musulmane on descend par une pente assez douce dans la ville basse ou le faubourg, où habitent les israélites et les chrétiens, les premiers au nombre de deux mille et les seconds de quinze cents, se décomposant ainsi : neuf cents Maltais, trois cent cinquante Italiens et deux cent cinquante Français. Dans ce chiffre, bien entendu, n'est pas comprise la garnison, qui loge en dehors de la ville, dans des baraquements construits pour lui servir de casernes et d'hôpital, comme cela a lieu à Sousa et ailleurs.

Depuis quelques années le faubourg dont je parle s'est beaucoup agrandi; car sa population, qui en 1860 ne dépassait pas deux mille âmes, monte maintenant à trois mille cinq cents individus, israélites et chrétiens réunis. Aussi la muraille qui l'enfermait a-t-elle été presque entièrement démolie, pour faire place à des constructions nouvelles.

Les jardins qui avoisinent Sfax l'environnent d'une ceinture verdoyante, laissant toutefois entre eux et le mur d'enceinte de la ville musulmane une zone sablonneuse assez large. Ils consistent en une infinité d'enclos, séparés les uns des autres par des haies de cactus et où croissent admirablement sur un terrain sablonneux, lui aussi, mais qui, au moyen d'irrigations, devient très propre à la culture, des arbres fruitiers et des céréales. Un bordj ou habitation en forme de tour carrée s'élève au centre de chacun de ces jardins; auprès est creusé un puits dont les eaux, selon qu'elles sont plus ou moins abondantes, rendent plus ou moins fertile le sol qu'elles arrosent et fécondent. On estime le nombre de ces enclos à plusieurs milliers, car il est peu d'habitants qui n'en possèdent un ou deux. C'est là que beaucoup de familles ont l'habitude d'aller s'installer pendant l'été. Les arbres qui y dominent sont les oliviers. L'huile qu'on en extrait est assez bonne en elle-même; mais, faute sans doute d'une préparation convenable, elle est, comme dans la plus grande partie, du reste, de la régence, bien plus amère que les huiles raffinées de la France et de l'Italie.

Parmi les légumes que l'on y cultive, je ne dois point oublier de signaler les concombres; quelques critiques prétendent même que c'est l'abondance de ce légume, appelé en arabe *fakous,* qui a fait donner à Sfax le nom qu'elle porte depuis longtemps.

Quant à celui de la ville antique qu'elle a remplacée, et dont les nombreux restes, pierres de taille et colonnes, ont servi à bâtir et à orner la ville moderne, il paraît avoir été Taphura ou Taparura, mentionnée par Ptolémée, par la Table de Peutinger et par la notice des églises épiscopales de la Byzacène.

Les écrivains arabes, tels que El-Bekri et Edrisi, ne parlent de Sfax qu'avec admiration; ils vantent ses monuments, ses bazars, son commerce, ses tissus de laine, le nombre, la richesse et l'industrie de ses habitants. Depuis l'époque de ces deux écrivains, Sfax a sans doute singulièrement perdu de son importance; toutefois c'est encore l'une des principales échelles de la régence. Elle doit cet avantage à son heureuse position, à la fertilité de ses jardins, à la multitude de poissons et d'éponges que l'on pêche dans ses parages, à la bonté relative de sa rade et à ses rapports continuels avec Gafsa, qui la met en relation avec les riches oasis du Djerid.

Mais revenons à la ville chrétienne et arrêtons-nous-y quelques instants.

En 1880, l'église catholique de Sfax était petite; elle a été rebâtie depuis dans des proportions beaucoup plus considérables par Mgr Bou-Hadjiar, actuellement évêque de Malte, et qui auparavant avait été longtemps curé de cette paroisse. Avec sa façade simple, mais élégante, qu'ornent deux flèches élancées, elle domine toutes les maisons de la cité chrétienne. Un presbytère très convenable lui est adjoint. Non loin de là est l'établissement des sœurs de Saint-Joseph. Leur maison, très incommode et très exiguë autrefois, a été également reconstruite et agrandie par le même prêtre avant son élévation à l'épiscopat. Elle est fréquentée par cent douze élèves, Italiennes, Maltaises et Françaises, auxquelles il faut ajouter quelques israélites et deux musulmanes. Elles forment trois classes, deux payantes et la troisième gratuite, sous la direction de quatre sœurs, dont l'une est en même temps chargée du soin des malades. Cette école, parfaitement tenue, serait plus complète si un asile pouvait y recueillir une foule d'enfants pauvres, petites filles et petits garçons au-dessous de sept ans, qui errent dans les rues, mal surveillés par leurs parents. Mais pour cela une cinquième sœur au moins serait indispensable, et avec elle quelques ressources nouvelles.

Si l'établissement des sœurs de Saint-Joseph à Sfax compte déjà une quarantaine d'années d'existence, le collège des marianites est, au contraire, de fondation assez récente, puisqu'il date de 1882. Mgr Lavigerie, en le créant, l'a confié à cinq religieux de l'ordre de Sainte-Marie. Ils sont tous Français, zélés, instruits et animés, comme leurs confrères du collège de Tunis, d'un vif désir de remplir dignement la mission civilisatrice, à la fois française et chrétienne, dont ils sont chargés. Matin et soir ils font la classe à cent cinquante enfants, divisés en quatre sections différentes et d'origine soit italienne, soit maltaise, soit française; quelques-uns également sont israélites ou musulmans. Ces enfants, dont la moitié à peine payent une très légère rétribution et dont les autres ne donnent absolument rien, vivent fraternellement ensemble sous une discipline ferme et douce, impartiale pour tous. Malheureusement la prospérité de cet établissement est entravée par l'exiguïté et l'incommodité du local. C'est pourquoi les frères marianites de Sfax jettent actuellement les yeux sur une grande maison voisine de l'église et qui, aux trois quarts ruinée, est à vendre. Il s'agirait, après l'avoir acquise, de la raser complètement, et sur l'emplacement qu'elle occupe de construire un collège plus digne de ce nom que la pauvre école que l'on décore actuellement de ce titre un peu ambitieux. Je fais des vœux ardents pour que ce projet, dont m'a entretenu M. Delpech, directeur de l'établissement, puisse se réaliser le plus tôt possible, et pour qu'on ne laisse pas échapper l'occasion qui se présente. Le collège, en effet, serait très bien placé à l'endroit que j'indique et pourrait prendre alors de plus grands développements, en rapport avec les accroissements probables dans un avenir assez prochain de la population européenne de la ville. Mais pour cela il faut que des allocations publiques ou que la charité privée viennent au secours de Mgr Lavigerie, qui ne peut pas tout faire par lui-même et qui succombe en ce moment sous le poids des charges écrasantes qu'il s'est imposées volontairement pour doter la Tunisie d'établissements nouveaux d'une grande importance, au point de vue français et chrétien, et pour faire aimer et bénir notre patrie par les peuples mêmes qu'elle a soumis.

Je ne dois point oublier d'ajouter qu'une autre école pour les garçons vient d'être créée à Sfax par M. Machuel; mais elle est plus spécialement destinée aux indigènes; c'est à un maître français qu'elle a été confiée.

En 1860, j'avais fait la connaissance à Djebeliana de M. Thomas Mattei, dont les renseignements m'avaient été fort utiles. En 1885, j'eus le plaisir de le retrouver à Sfax et de lui serrer cordialement la main. A présent c'est un vieillard de quatre-vingt-deux ans, mais encore vert et vigoureux. Après avoir d'abord parcouru les mers comme capitaine d'un bâtiment marchand, M. Mattei, Corse d'origine, est venu ensuite s'établir en Tunisie, où il habite depuis quarante-cinq ans. Homme de courage et d'aventures, il a accompagné M. Pellissier dans la plupart de ses explorations. Habitué à la vie simple et dure des Arabes, il a su acquérir sur eux un grand ascendant. Je revis également avec une vive satisfaction plusieurs membres de sa famille, et notamment l'un de ses fils, M. Jean Mattei, qui a été longtemps vice-consul de Sfax et qui est bien au courant de toutes les affaires de la régence.

GABÈS

La route qui par terre conduit de Sfax à Gabès, contourne pendant cent quarante kilomètres environ, vers le sud-ouest, puis vers le sud-est, les bords du golfe qui dans l'antiquité s'appelait la Petite-Syrte, à cause de ses dimensions moins vastes que celles d'un autre golfe situé dans la Tripolitaine, et connu jadis sous le nom de la Grande-Syrte. Chemin faisant, on rencontre successivement les ruines de Thenæ, de Macomades Minores, de Cellæ Picentinæ, de Lacene, et de Ad-Palmam. Tous ces antiques comptoirs phéniciens, que les Romains occupèrent ensuite, ne sont plus guère que des souvenirs s'effaçant de plus en plus avec les débris qui en sont les vestiges.

Thenæ a conservé presque sans altération sa dénomination primitive sous le nom arabe de Thine. Située sur le bord de la mer, cette ville avait un port de forme elliptique, qui est aujourd'hui aux trois quarts ensablé. Ce port, du reste, n'a jamais dû recevoir que de petits bâtiments, qui choisissaient pour y entrer le moment de la marée montante, le flux et le reflux étant très sensibles sur ces parages. Les plus gros navires étaient contraints de mouiller au large, à cause des bas-fonds de la côte.

Le mur d'enceinte de la ville, à en juger par les nombreux fragments que j'ai pu, il y a vingt-cinq ans, suivre de distance en distance, devait avoir plus de trois kilomètres de circonférence. Dans l'intérieur de cette enceinte on ne trouve plus aucune trace de rues ni même d'édifices publics, mais seulement des matériaux de toutes sortes.

Fondée par les Phéniciens, devenue plus tard colonie romaine, puis cité épiscopale, Thenæ a continué encore d'être habitée quelque temps après l'invasion arabe, attendu que l'on remarque d'anciens tombeaux musulmans dans la partie méridionale de l'emplacement qu'elle couvrait.

Les ruines de l'henchir Oungha paraissent

répondre pour la position qu'elles occupent à celles de Macomades Minores, ancien comptoir phénicien, comme son nom l'indique, et mentionné par Pline. A l'époque chrétienne, cette ville avait un évêché, ainsi que cela résulte de la notice épiscopale de la Byzacène, et elle s'appelait alors Macomadia Rusticiana.

Cellæ Picentinæ, ou Cellæ Vicus, était un bourg indiqué dans l'*Itinéraire* d'Antonin comme situé sur la côte, à vingt-six milles de Macomades et à trente milles au nord de Tacapæ. Ce renseignement nous conduit, soit auprès de la zaouïa Sidi-Maheddeb, soit à En-Nadour, pour y placer cette bourgade.

Quant à la station de Lacene, j'incline à la reconnaître dans l'henchir de Tarf-el-Ma, et j'identifie celle de Ad-Palmam avec l'oasis El-Aouînet.

Que si, au lieu de suivre par terre tous les contours de la côte, on gagne directement par mer Gabès, comme je l'ai fait cette fois-ci, l'intervalle qui sépare cette ville de Sfax est bien moindre, parce que l'on traverse alors diagonalement le golfe.

Je viens d'appeler Gabès une ville. En réalité, c'est plutôt un simple assemblage de plusieurs villages distincts, dont l'un plus spécialement porte le nom de Gabès, et les autres sont désignés sous ceux de Djara, Menzel et Chenneni. A eux tous ils comptent, dit-on, quatorze mille habitants et forment une seule et unique oasis, arrosée par l'Oued-Gabès.

Le nom de Kabès, et par adoucissement Gabès, est une altération de celui de la ville de Tacape, ou Tacapæ, qui s'élevait jadis en cet endroit et qui est mentionnée dans la Table de Peutinger comme une colonie. Sous les Carthaginois et durant les premiers siècles de la domination romaine, cette ville faisait partie de la Byzacène; plus tard elle fut annexée à la Tripolitaine ou à la province Subventana. A l'époque chrétienne, par exemple, l'*episcopus Tacapitanus* est compris au nombre des évêques de la Tripolitaine.

Lorsque les Arabes s'emparèrent de la contrée, ils modifièrent légèrement la dénomination primitive et berbère de la ville de Tacape, qui, par la suppression de l'article Ta, fut appelée par eux Kabès, puis Gabès.

Le premier village où l'on débarque est précisément celui de Gabès. Il consiste en une longue rue bordée de maisons, de boutiques et de cafés, et habitée par des Maltais, des Italiens et des Français.

Près de là sont établis les baraquements d'un camp et d'un hôpital militaire. La chapelle de cet hôpital sert en même temps de paroisse provisoire à la faible population catholique de Gabès. Elle est due en grande partie au zèle de M. l'abbé Houdard, qui en est l'aumônier et qui l'a fait construire avec le concours des officiers et des soldats de la garnison. Cet ecclésiastique, à qui je commence par aller rendre visite, a la complaisance, après m'avoir montré sa chapelle, de m'accompagner ensuite lui-même jusqu'à l'école.

Celle-ci porte le nom d'école Cambon, du nom du ministre résident de France à Tunis, qui l'a fondée le 15 mars dernier. Elle est sous la direction d'un instituteur français venu d'Algérie, qui fait la classe à soixante-trois petits garçons européens, musulmans et israélites. Vingt-sept petites filles sont en outre, dans une salle voisine, instruites par sa sœur. Plusieurs fois par semaine, un taleb musulman vient apprendre le Coran à ses coreligionnaires, et un rabbin vient enseigner l'hébreu et les préceptes de la loi judaïque aux israélites. Quant aux petites filles, elles sont toutes Européennes, Italiennes, Maltaises et Françaises.

De là, toujours en compagnie de M. l'abbé Houdard, je me rends à Djara pour y saluer le colonel de la Roque, qui y habite et qui commande toute la subdivision militaire de Gabès, répartie sur une vaste étendue de pays. A Gabès même il y a environ deux mille hommes de garnison, infanterie, cavalerie, artillerie.

Chemin faisant, je revois avec un plaisir infini ces riches vergers que j'avais tant admirés en 1860, et qui doivent à l'Oued-Gabès leur beauté et même leur existence. La source de cet oued est à sept kilomètres de Menxel, dans une vallée charmante. De là jusqu'à la mer, où il va aboutir, il fertilise merveilleusement, dans un parcours de douze kilomètres, la région où il serpente. Les deux bras dans lesquels d'abord il se partage, avant de couler dans un lit unique, fournissent leurs eaux à plusieurs petits canaux, subdivisés eux-mêmes en d'innombrables rigoles qui se ramifient en tous sens au milieu des plantations de l'oasis.

Cette dernière se compose d'une suite presque non interrompue de jardins appartenant à plusieurs villages, et séparés les uns des autres par des haies de cactus ou par de petits murs en terre battue; ils sont distribués, à leur tour, en une multitude de compartiments où circulent, à certaines heures et en vertu de conventions réciproques, des ruisseaux vivifiants. Ces compartiments sont semés de blé, d'orge et de divers légumes. Alentour croissent des amandiers, des figuiers, des citronniers, des grenadiers, des orangers, et, bien au-dessus de ces arbres confusément plantés, de magnifiques dattiers à la tige svelte et élancée dressent dans les airs leur panache verdoyant. La vigne est aussi l'un des plus gracieux ornements de ces jardins enchantés. Ses ceps puissants s'enroulent et grimpent comme le lierre autour du tronc des palmiers, et, quand elle est arrivée à une certaine hauteur, elle court en festons d'un arbre à l'autre.

Parvenu à Djara, je ne trouvais malheureusement pas le colonel de la Roque; il était au camp, où je finis par le rencontrer au milieu de ses principaux officiers. A peine lui eus-je décliné mon nom, qu'il me fit l'accueil le plus cordial et le plus sympathique, comme à un vieux compagnon de voyage. En effet, il avait, me disait-il, grâce à mon ouvrage sur la régence de Tunis, parcouru sur mes traces et avec moi un grand nombre de mes étapes; ensuite il me proposa de me servir, à son tour, de guide sur l'emplacement de l'ancienne Tacape. J'acceptai avec reconnaissance son offre obligeante, car je n'avais fait autrefois que jeter un rapide coup d'œil en passant sur le site qu'occupait cette cité, tandis que lui-même, habitant au milieu de ses ruines, les visite sans cesse et les connaît parfaitement. Cette ville couvrait plusieurs monticules qui dominent légèrement la plaine et la mer. Une source abondante, appelée par les Arabes Aïn-es-Selam (*la Source du salut*), et qui passe pour l'une des meilleures des environs, avoisine ce qui dut être son acropole. Tacape est, du reste, complètement renversée. Des champs d'orge et de blé ont remplacé ses rues, ses maisons et ses monuments. On a exhumé de là une quantité énorme de matériaux de toutes sortes, et de très nombreuses colonnes qui ont servi à bâtir et à orner les habitations et les mosquées de Sidi Bou'-l-Baba, de Djara, de Menzel, de Chenneni et de Gabès. Chaque jour encore, en fouillant tant soit peu profondément le sol, on y puise comme dans une carrière des pierres toutes taillées provenant de constructions de différentes époques. Quelquefois on est assez heureux pour découvrir de beaux fragments de mosaïque.

Tacape avait deux ports : un port intérieur ou Cothon, creusé de main d'homme, aujourd'hui complètement comblé et livré à la culture; et un port extérieur, destiné à la marine marchande et communiquant avec le précédent au moyen d'un canal, qui lui-même est ensablé.

Pendant qu'en si docte et si aimable compagnie j'explorais curieusement les ruines, ou, pour mieux dire, l'emplacement de cette ville anéantie, les heures s'écoulaient rapidement, et je dus me hâter de regagner au plus vite le paquebot qui m'attendait au large, et dont le sifflet retentissant annonçait le prochain départ.

Le colonel de la Roque daigna m'accompagner en barque jusque-là, et je ne me séparai pas sans un vif regret de cet officier supérieur, aussi instruit que bienveillant, qui m'a offert le type de la bonté, de la bravoure et de la science réunies ensemble. A peine de retour en France, j'ai appris avec bonheur qu'il venait d'être promu au grade de général de brigade. Cette nomination a dû certainement être célébrée comme une véritable fête de famille par toute la subdivision militaire de Gabès, dont il est à la fois le chef respecté et le père justement aimé.

DJERBA

De Gabès à Houmt-es-Souk, l'un des plus grands villages de la côte septentrionale de l'île de Djerba, la distance directe par mer, en s'avançant de l'ouest à l'est, ne dépasse pas quatre-vingts kilomètres. Cette distance, avec un bon paquebot à vapeur, peut être franchie en quatre ou cinq heures, selon le vent et l'état de la mer. Par terre, il faut deux journées de marche à cheval pour atteindre l'endroit appelé Tarf-el-Djorf, où l'on traverse en barque le détroit, large de dix-sept cents mètres, qui sépare le continent africain de la côte méridionale de la même île. Cette dernière route est celle que j'ai suivie en 1860. Sillonnant une contrée depuis longtemps désolée et qui, il y a vingt-cinq ans, était souvent infestée par des bandes de maraudeurs, elle est jalonnée de plusieurs ruines, dont les deux plus importantes paraissent répondre, l'une à celles de Fulgurita Villa, et l'autre à celles de Templum Veneris.

La Table de Peutinger signale sur la route

de Macomades Minores à Leptis Magna une station appelée Fulgurita, à vingt-cinq milles au sud-est de Tacape. Cette indication nous conduit droit à Zerat, qui occupe précisément la position que la Table assigne à Fulgurita. On serait donc en droit d'identifier ces deux localités. Toutefois, comme cette même station de Fulgurita, mentionnée dans l'*Itinéraire* d'Antonin sous le nom de Fulgurita Villa *sive* Agma, y est marquée comme étant séparée de Tacape par une distance de trente milles et non plus seulement de vingt-cinq milles, on doit admettre avec d'autant plus de réserve l'identification précédente, que cinq milles à l'est-sud-est de Zerat, et par conséquent à trente milles de l'ancienne Tacape, on rencontre des ruines assez considérables appelées El-Medeïna (la ville), et dont la position répond parfaitement aux indications de l'*Itinéraire* d'Antonin.

Quant à l'henchir Roumia, il offre très probablement les restes du Templum Veneris de la Table de Peutinger, station intermédiaire entre Fulgurita à l'ouest et Gigti à l'est. Une crique peu développée a dû servir de port à ce comptoir maritime, qui est depuis longtemps désert et ruiné de fond en comble.

Cette fois-ci, c'est par mer que je me rendis à Houmt-es-Souk, ou plutôt en présence de ce village, où il me fut malheureusement impossible de débarquer, afin d'y visiter l'établissement des sœurs de Saint-Joseph, que je désirais examiner. Le paquebot sur lequel je me trouvais resta, il est vrai, trois heures en rade, mais à une telle distance du rivage, que je n'aurais jamais pu la franchir deux fois en barque, aller et retour, sans m'exposer à manquer le bateau; ce qui m'aurait contraint, jusqu'au passage d'un autre paquebot, de séjourner dans l'île de Djerba plus longtemps que je ne le voulais.

Cette île d'ailleurs m'était parfaitement connue, et je l'avais étudiée jadis avec soin. Je me contentai donc, — à mon grand regret, je l'avoue, — de la contempler de loin, et je vais résumer ici en peu de mots pour le lecteur quelques détails que j'emprunte à mon ouvrage sur la régence de Tunis, afin de lui donner une idée de cette île intéressante.

Djerba, l'ancienne patrie des Lotophages, peuple dont un vers d'Homère a suffi pour rendre le nom immortel, était appelée également Meninx. Un passage d'Aurélius Victor [1], où il est question de l'élévation de Gallus et de Volusianus à la dignité d'Augustes dans cette île, nous prouve que, dès le IIIe siècle de notre ère,

---

[1] *Epitome*, ch. XLV.

elle portait le nom sous lequel on la connaît aujourd'hui : *Creati in insula Meninge quæ nunc Girba dicitur*. La Table de Peutinger signale de même une ville du nom de Girba parmi les quatre qu'elle mentionne dans cette île.

Pline[1] évalue la longueur de l'île de Meninx à vingt-cinq milles et sa largeur à vingt-deux milles, évaluation beaucoup plus juste que celle d'Agathémère, qui compte six cents stades de long sur quatre-vingts de large. En réalité, elle est de forme à peu près quadrangulaire, et mesure approximativement trente kilomètres du nord au sud, sur trente-trois de l'est à l'ouest.

Djerba est généralement plate, sauf quelques chaînes de collines peu élevées qui rompent l'uniformité de sa surface. Aucun cours d'eau permanent ne la sillonne. Seulement, à l'époque des pluies, des ruisseaux momentanés descendent des monticules que je viens d'indiquer. Son sol, d'une grande fertilité, a besoin néanmoins, pour produire ce qu'on lui demande, d'un travail constant de l'homme, car il faut l'arroser incessamment. Aussi des puits sont-ils creusés de tous côtés à cet effet.

L'île est partagée en un très grand nombre d'enclos, où les habitants vivent sur le terrain

---

[1] *Histoire naturelle*, l. V, ch. VII.

qu'ils cultivent; ils y ont leurs demeures, qui sont de la sorte, pour la plupart, disséminées, au lieu d'être réunies en villages, en bourgs et en villes. Toutefois il existe sur différents points plusieurs centres principaux de population.

Les cinq plus importants sont: Houmt-Ajim, Houmt-es-Souk, Houmt-Cedouikhes et Houmt-Gallala.

Le mot *houmt* signifie quartier, lieu de réunion.

Les habitants, en 1860, étaient au nombre de quarante mille; ils ne sont plus, dit-on, que trente-six à trente-sept mille maintenant, à cause des ravages que, depuis cette époque, le choléra a faits à plusieurs reprises au milieu d'eux.

La plupart sont d'origine berbère, et ils se divisent en cultivateurs, en tisserands et en marins ou pêcheurs.

Les cultivateurs, qui forment la majorité, sont plus laborieux que ne le sont d'ordinaire les Maures et les Arabes. Aussi cette île est-elle mieux cultivée que ne le sont la plus grande partie des terres en Tunisie. C'est là qu'on remarque les plus beaux oliviers de la régence. Des arbres fruitiers de toutes sortes croissent en outre dans les jardins, mêlés à d'élégants palmiers qui les dominent. Quant à l'arbuste si célèbre jadis sous le nom de lotos, il abonde toujours, principalement à l'état de buissons, dans l'antique patrie des Lotophages, et son fruit, qui ressemble à la jujube, est très goûté des indigènes.

La seconde classe des habitants de l'île, c'est-à-dire les tisserands, au lieu d'être entassés dans des ateliers communs, confectionnent, disséminés dans leurs maisons particulières, ces magnifiques couvertures et tissus en laine, en coton et en soie, pour lesquels ils n'ont point de rivaux dans la régence.

Les marins et les pêcheurs vivent le long des côtes. La pêche consiste en éponges, en poulpes et en divers poissons dont une partie est consommée dans l'île; l'autre est salée et expédiée ailleurs.

Après cette description sommaire et générale de l'île, arrêtons-nous un instant à Houmt-es-Souk, qui en est comme la capitale. On appelle également ce bourg Souk-el-Kébir (le *Grand-Marché*), parce que, deux fois par semaine, le lundi et le vendredi, il est le rendez-vous d'une foule d'insulaires et même d'Arabes et de Bédouins du continent qui y accourent, soit pour vendre, soit pour acheter des burnous et des couvertures, du bétail et de la laine.

Houmt-es-Souk est divisé en plusieurs quartiers; il renferme des fondouks assez vastes, un bazar couvert, partagé en quatre branches qui forment la croix, et deux mosquées principales, l'une pour les hanéfites, l'autre pour les malékites. Sa population totale est évaluée à deux mille six cent cinquante âmes : dix-huit cents musulmans, cinq cents juifs et trois cent cinquante chrétiens.

Le hara des juifs, espèce de ghetto où ils habitent à part, est éloigné d'un kilomètre au moins des autres quartiers.

Les chrétiens, la plupart Maltais ou Italiens, auxquels se mêlent quelques Français, ont une église petite, mais bien tenue. Fondée en 1848 par le R. P. Gaetano Maria, de Ferrare, elle était, en 1860, lorsque je la visitai, administrée par M. l'abbé Bois, missionnaire savoisien. A la fois curé et instituteur, ce digne prêtre partageait son temps et ses soins entre le sublime ministère de l'autel et l'éducation de l'enfance.

« Ce qui me manque surtout, me disait-il, sont des sœurs : d'abord elles élèveraient les petites filles, et ensuite j'établirais avec elles, dans ma paroisse, un dispensaire qui serait commun aux chrétiens, aux juifs et aux musulmans. La religion chrétienne, ajoutait-il très justement, doit se montrer partout, mais principalement dans les pays mahométans, escortée de la charité comme de sa fidèle compagne, et c'est par des bienfaits qu'il lui convient le mieux de marquer sa présence. »

Non moins bon Français qu'apôtre ardent, l'abbé Bois n'oubliait jamais, les jours de dimanche et de fête, d'arborer sur son église le drapeau de sa nouvelle patrie, et de le saluer en tirant lui-même un vieux canon rouillé qu'il s'était procuré dans ce but.

Les sœurs de Saint-Joseph, qu'appelait de ses vœux, il y a vingt-cinq ans, cet excellent ecclésiastique, sont enfin arrivées en 1879. Très pauvrement installées et au nombre de trois seulement, elles font l'école à une quarantaine de petites filles et à une dizaine de petits garçons au-dessous de sept ans. En même temps, là, comme partout, elles ont un dispensaire, et elles soignent les malades chez elles ou à domicile. Si elles étaient moins petitement logées et moins indigentes elles-mêmes, elles pourraient recevoir et instruire un plus grand nombre d'enfants et donner une plus ample carrière à leur zèle dans une île où elles sont fort estimées.

Le curé actuel de la paroisse latine est un jeune prêtre maltais.

Non loin de Houmt-es-Souk, une compagnie de soldats est établie dans des baraquements.

Avec l'île de Djerba, nous allons quitter la Tunisie pour gagner Malte, et de là Tripoli de Barbarie, où d'autres établissements religieux, dus également à la France chrétienne, vont solliciter notre attention.

MALTE

J'ai autrefois abordé à Malte à plusieurs reprises. Cette année-ci, j'y suis retourné de nouveau pour y visiter les établissements religieux dont je vais entretenir le lecteur; mais auparavant qu'il me soit permis de dire quelques mots de cette île célèbre.

Avec les îles voisines de Gozzo et de Cumino, Malte appartient, comme on le sait, aux Anglais; c'est la plus grande de ce petit archipel. Située entre la Sicile, au nord, dont elle n'est séparée que par un canal assez étroit, et la régence de Tripoli, au sud, elle occupe entre l'Europe et l'Afrique, et sur le seuil en quelque sorte de ces deux mondes, un point très limité, il est vrai, dans l'espace, mais d'une importance capitale sous le rapport stratégique. Elle mesure, en effet, seulement quinze kilomètres dans sa plus grande largeur, et vingt-sept dans sa longueur extrême. Ce n'est donc, à proprement parler, qu'un rocher au milieu de la Méditerranée; mais ce rocher est admirablement cultivé, partout où il peut l'être, par une population très compacte et très industrieuse. Si les étés y sont brûlants, les hivers y sont tièdes et ressemblent à nos printemps; aussi les plantes des zones tropicales peuvent-elles y croître. Les côtes sont découpées par la nature en une foule de criques, d'anses et de ports plus ou moins vastes, qui semblaient inviter les premiers navigateurs à y débarquer, et que le génie de l'homme a ensuite transformés en des refuges assurés contre la tempête. Ce rocher, en outre, a été pendant plus de deux siècles et demi, entre les mains des chevaliers de Saint-Jean, l'un des principaux boulevards de la chrétienté. Depuis quatre-vingt-cinq ans au pouvoir de l'Angleterre, il est devenu, grâce aux nouveaux travaux de défense qui y ont été exécutés, une citadelle du premier ordre et véritablement imprenable, qui, avec Gibraltar, permet aux Anglais de disputer à toutes les autres nations l'empire de la Méditerranée.

Si l'on en croit d'anciennes et poétiques traditions, Malte, ou Gozzo, sa voisine, serait l'antique Ogygie chantée par Homère, et où Ulysse, jeté par la tempête, avait, pendant sept ans, été retenu par la nymphe Calypso dans sa grotte enchantée. On montre encore dans la première de ces îles une grotte qui a gardé le nom de cette déesse, mais qui n'offre plus aux regards aucun des charmes séducteurs dont l'auteur de l'*Odyssée* et ensuite celui du *Télémaque* l'avaient parée à l'envi. Ce qui est plus certain, c'est qu'à une époque très reculée Malte fut colonisée par des Phéniciens, qui y ont laissé des monuments encore subsistants de leur séjour à Crendi et ailleurs. L'an 736 avant J.-C., les Phéniciens furent expulsés de cette île par les Grecs venus de Sicile, qui lui communiquèrent le nom de Mélita, d'où l'appellation moderne de Malte est dérivée. Elle fut désignée ainsi par eux, soit à cause de l'excellence du miel qu'on y recueille, soit en l'honneur de la nymphe Mélite, fille de Doris et de Nérée.

Occupée ensuite par les Carthaginois, puis par les Romains, qui pendant les guerres de Sicile en chassèrent les Carthaginois, elle passa, au IXe siècle de notre ère, sous la domination des Arabes, pour être enfin conquise, vers l'an 1190, par Roger le Normand, comte de

Sicile, et depuis ce temps-là elle est demeurée annexée au royaume de Sicile, dont elle suivit toujours la fortune, jusqu'au moment où les chevaliers de Saint-Jean vinrent s'y établir.

Villiers de l'Ile-Adam, le héros du fameux siège de 1522, qui mit Rhodes au pouvoir des Turcs, n'avait point désespéré de l'avenir de l'ordre auquel il avait l'honneur de commander; et après en avoir longtemps promené les débris errants, il put enfin les fixer, en 1530, sur le rocher stérile de Malte, dont Charles-Quint lui avait fait la cession.

Grand fut, dans le principe, le découragement des chevaliers, lorsqu'ils se virent comme relégués dans une île qui ne pouvait point nourrir ses habitants et qui, pour les faire vivre, avait continuellement besoin des blés de la Sicile. Quelle différence avec l'île de Rhodes, si riche et si fertile, douée de tous les avantages d'une admirable nature, qu'ils avaient hérissée de forts, embellie par de nombreuses villas, et dont la capitale eût été à tout jamais imprenable, s'ils avaient été soutenus par leurs frères d'Europe et qu'ils n'eussent point été trahis par l'infâme André d'Amarall Néanmoins Villiers de l'Ile-Adam tint ferme contre ces murmures et contre le propre désappointement qu'il éprouva lui-même tout d'abord. Il comprit bientôt le parti qu'on pourrait tirer de l'heureuse position de Malte comme point militaire, et, pressentant l'importance future de cette île, il n'oublia rien pour établir sur des fondements aussi solides que possible les premières assises de la grandeur renaissante de son ordre. Le grand maître et le conseil se fixèrent dans le château Saint-Ange, la seule place de défense qu'il y eût dans l'île, et les chevaliers s'étendirent dans le bourg qui était situé au pied de ce fort; ce fut leur première résidence. Cette bourgade était sans fortifications, et, se trouvant commandée de tous côtés, Villiers de l'Ile-Adam la fit enfermer de murailles.

Il serait ici hors de propos de raconter les grands travaux qui furent successivement exécutés à diverses époques et par divers grands maîtres pour protéger l'île contre les invasions ennemies, les différentes attaques qu'elle eut à soutenir, le siège à jamais mémorable de 1565, la fondation de la cité la Valette, les prodigieux ouvrages qui furent accomplis, soit pour la fortifier, soit pour l'embellir; la construction de ses tours, de sa citadelle, de ses formidables remparts, de ses palais, de ses églises, de sa cathédrale, de ses hôpitaux et des huit auberges de ses chevaliers.

On n'ignore pas en effet que l'ordre, étant composé de chevaliers relevant de huit nations, fut divisé en huit langues, dont chacune avait un palais, autrement dit une auberge, qui lui était assignée pour ses réunions. Ces huit auberges existent encore maintenant sous les noms d'auberges de Provence, d'Auvergne, de France, d'Italie, d'Aragon, d'Allemagne, de Castille et d'Angleterre. La France ainsi était représentée à Malte par trois langues et trois auberges, et c'est à elle que revient l'honneur d'avoir fourni à l'ordre le plus grand nombre de grands maîtres et de chevaliers, et d'avoir, plus qu'aucune autre nation, contribué à sa gloire, à ses accroissements et à son soutien. Pourquoi faut-il ajouter aussi que c'est elle qui plus tard le détruisit : destruction à la fois injuste et impolitique, et qui ne lui procura un instant l'île de Malte que pour la livrer ensuite à l'Angleterre, et avec elle l'un des boulevards les plus enviés de la Méditerranée ?

Quand l'étranger visite à la cité la Valette la place d'armes, située vis-à-vis le palais des grands maîtres, il remarque aussitôt, gravée en gros caractères, l'inscription latine suivante :

MAGNÆ ET INVICTÆ BRITANNIÆ MELITENSIUM AMOR
ET EUROPÆ VOX HAS INSULAS CONFIRMANT A. D. 1814.

« A la grande et invincible Bretagne l'amour des Maltais
et la voix de l'Europe confirment la possession de ces
îles, l'an de l'ère chrétienne 1814. »

Il est bien vrai qu'en 1814 le congrès de Vienne laissa Malte aux Anglais, avec les deux petites îles qui l'avoisinent. Le fait était accompli depuis longtemps, et il reçut alors une sorte de consécration légale qui peut justifier la seconde partie de l'inscription précédente. Mais comment affirmer que ce soit l'amour des Maltais qui légitime cette conquête de la Grande-Bretagne? Les Anglais savent bien le contraire. Ils sont maîtres à Malte, mais ils ne sont pas aimés. Ils n'ignorent pas que les Maltais, essentiellement catholiques, ont pour eux protestants une antipathie profonde. Il y a entre ces deux peuples un abîme de mœurs et de religion. Les sympathies des Maltais sont pour les anciens chevaliers qui ont tant illustré leur île, qui ont bâti leurs églises, qui partageaient leur culte, et dont ils ne montrent aux voyageurs les tombeaux qu'avec un grand respect. Ils s'étaient comme identifiés avec cet ordre; et encore maintenant ils se plaisent, même dans les plus petites choses, à en reproduire les souvenirs.

Il est juste cependant de reconnaître que les Anglais laissent au culte catholique dans l'île de Malte un complet et libre essor ; ils viennent même dernièrement de mettre une frégate anglaise à la disposition de Mgr Bou-Hadjiar, nommé évêque de cette île, et de le recevoir avec tous les honneurs imaginables. Cette manière d'agir est de la bonne politique.

En même temps ils entretiennent à Malte un ordre parfait et une propreté exemplaire, et tandis que Rhodes, depuis qu'elle est tombée au pouvoir des Turcs, se dépeuple de plus en plus, que ses ports se comblent et que ses plus belles rues, silencieuses et solitaires, voient s'accumuler ruines sur ruines et disparaître peu à peu, faute d'entretien, les plus curieux spécimens de l'architecture du xive et du xve siècle, Malte, au contraire, cette nouvelle Rhodes, revêt sous l'administration anglaise un aspect de plus en plus redoutable et imposant. Les batteries s'étagent sur les batteries pour protéger la cité la Valette et ses faubourgs; ses ports, défendus par des ouvrages formidables, offrent un asile assuré non seulement aux bâtiments de commerce les plus nombreux, mais encore aux navires de guerre les plus puissants. L'île regorge d'habitants dans sa capitale et dans ses vingt-deux casaux ou villages; pas la moindre parcelle de sol cultivable ne demeure improductive; le roc même est creusé dans beaucoup d'endroits pour recevoir dans des compartiments plus ou moins étendus et profonds de la terre végétale importée d'ailleurs, et au moyen de cette terre se prête aux cultures les plus variées; en un mot, les Anglais favorisent, et cela dans leur propre intérêt, le développement de la richesse matérielle de Malte et de sa population. Mais comme celle-ci surabonde et dépasse le chiffre de cent dix-huit mille habitants, et que l'île ne peut fournir, à cause de sa petitesse et de la nature rocheuse de son sol, à l'alimentation de toutes les familles qui y naissent et s'y multiplient, beaucoup de ces dernières sont contraintes de s'expatrier et d'émigrer dans le nord de l'Afrique. Malte est donc pour l'Algérie et pour la Tunisie un réservoir inépuisable de colons actifs et intelligents et une sorte de pépinière de prêtres séculiers et réguliers.

Mais il est temps maintenant de sortir de ces considérations générales et de quitter le port de la cité où nous venons d'aborder pour gravir l'un des escaliers en pierres de taille qui, des quais de débarquements, conduisent dans la ville; un grand nombre de rues ont elles-mêmes une pente très prononcée. Elles sont généralement bien bâties, coupées à angle droit et tenues avec une extrême propreté. Les maisons, alignées avec soin et construites sur un modèle presque uniforme, ne manquent pas d'une certaine élégance. La plupart sont ornées extérieurement de balcons consistant en une petite galerie vitrée qui rappelle l'Orient. De là le regard peut plonger dans la rue et l'embrasser même tout entière, à cause de la saillie de cette espèce de boudoir où les femmes aiment à travailler et à deviser entre elles, invisibles elles-mêmes et voyant tout.

La ville de la Valette, ainsi nommée parce qu'elle fut fondée, en 1566, par le grand maître de ce nom, occupe toute la presqu'île que forme le mont Sceberras et qui sépare le Grand-Port ou Grande-Marse du port de la Quarantaine ou Marsa-Muscetto. Le Grand-Port est lui-même subdivisé par d'autres langues de terre en plusieurs anses qui forment autant de ports différents, connus sous les noms de ports de la Renelle, port des Anglais, port des Galères, et port de la Sangle ou des Français. Chacune de ces petites presqu'îles constitue à son tour des faubourgs distincts et fortifiés, défendus par des ouvrages très puissants et réputés imprenables.

L'entrée du port dit Marsa-Muscetto est protégée par le fort Tigné, et l'île du lazaret que renferme ce grand bassin l'est elle-même par le fort Manoël.

La Valette.

Quant à la cité la Valette, elle a pour principale défense du côté de la mer, c'est-à-dire vers le nord, le fameux château Saint-Elme, et vers le sud, à l'endroit où la péninsule sur laquelle elle est assise se rattache à la terre ferme, les fortifications de la Floriana.

Le palais du gouverneur, ancienne résidence du grand maître, et la cathédrale Saint-Jean s'élèvent sur le point culminant de la ville.

La salle du conseil, dans le premier de ces édifices, renferme encore comme meuble curieux le fauteuil du grand maître; tout autour de l'appartement sont de magnifiques tapisseries des Gobelins, représentant les quatre parties du monde personnifiées; l'on y remarque aussi de belles peintures figurant des combats.

Le salon des fêtes est décoré d'un trône superbe aux armes de la reine d'Angleterre.

Les appartements et les vestibules du gouverneur anglais sont ornés de portraits, parmi lesquels on admire surtout celui du grand maître Vignacourt, l'un des chefs-d'œuvre du Caravage.

Dans l'Armeria, vaste salle oblongue, on voit rangées avec assez de goût beaucoup d'armes de toutes sortes, telles que boucliers, cuirasses, casques, pertuisanes, cuissards, brassards, cottes d'armes, arbalètes, arquebuses, fusils, canons.

La bibliothèque, fondée en 1760 par le chevalier Louis Guérin de Tencin, contient un grand nombre d'anciens et curieux ouvrages; elle fut composée au moyen des collections privées des chevaliers, qui étaient tenus de léguer leurs livres à cet établissement public.

Dans le petit musée voisin de la bibliothèque, on observe avec intérêt plusieurs objets de provenance soit phénicienne, soit grecque, et découverts dans l'île de Malte et dans celle de Gozzo.

Non loin du palais du gouverneur, la cathédrale Saint-Jean dresse ses deux tours, que couronnent des clochetons de pierre. Simple et nue à l'extérieure, elle provoque intérieurement l'admiration du visiteur par la richesse de son ornementation, l'heureux choix des marbres qui la décorent et la magnificence de ses dorures. La voûte en est tout entière peinte à fresque, et Mathias Preti, dit le Calabrais, y a représenté avec un rare talent les différentes scènes de la vie du saint patron de l'ordre.

Les chapelles latérales sont toutes ornées de superbes tombeaux, et d'innombrables inscriptions funéraires sont gravées sur les dalles de toute l'église. L'histoire entière de l'ordre des chevaliers de Malte est là. C'est comme une immense page nécrologique qui se déroule sous

Construction de la Valette.

les pieds, et, au moment même où l'on foule religieusement le marbre qui recouvre tant de nobles cendres, on peut lire les principaux actes qui ont signalé la vie de chacun de ces valeureux champions de la foi. On retrouve ainsi à chaque pas, non sans une vive émotion, les plus beaux noms de France entassés en foule dans ce temple, et le pavant en quelque sorte, et c'est en ce lieu surtout que l'on aurait pu inscrire au-dessus du vestibule sacré ces mots célèbres :

SISTE, VIATOR, HEROAS CALCAS.

« Arrête-toi, ô voyageur, tu marches sur des héros. »

La chapelle souterraine de la Sainte-Croix renferme :

1º Le tombeau du grand maître Villiers de l'Ile-Adam, mort en 1534. Tout le monde sait que ce dernier grand maître des chevaliers de Rhodes fut ensuite le premier grand maître des chevaliers de Malte, quand, après s'être immortalisé dans le fameux siège de 1522, qui livra l'île de Rhodes aux Turcs, et après avoir erré pendant plusieurs années avec les glorieux débris de son ordre, il obtint enfin de Charles-Quint, en 1530, le rocher de Malte pour s'y établir avec ses chevaliers.

2º Le tombeau de Pierre du Pont, mort en 1535.

3º Le tombeau de Jean d'Omèdes, mort en

1553. Ce fut ce grand maître qui construisit les châteaux Saint-Elme et Saint-Michel, ainsi que plusieurs bastions.

4° Le tombeau de Claude la Sangle, mort en 1557. Ce grand maître augmenta les fortifications du bourg qui porte encore son nom.

5° Le tombeau de Jean de la Valette, mort en 1568. Une longue inscription rappelle les principaux hauts faits de ce héros, ses victoires sur les Turcs, le siège célèbre qu'il soutint contre l'armée de Soliman, et la fondation de la cité Neuve ou de la cité la Valette.

6° Le tombeau de Guidalotti de Monte, mort en 1572.

7° Le tombeau de Jean Levêque de la Cassière, mort en 1581.

C'est à ce grand maître que l'on doit la construction de la cathédrale dont il s'agit en ce moment, et c'est lui qui fit transporter dans ce caveau funèbre les restes mortels des grands maîtres qui l'avaient précédé à Malte.

8° Le tombeau de Hugues de Loubenx de Verdale, mort en 1595.

9° Le tombeau de Martin Garzès, mort en 1601. Les fortifications de l'île de Gozzo furent exécutées par ce grand maître.

Dans les chapelles Saint-Charles, attribuée autrefois à la langue de Provence; Saint-

Michel, qui appartenait à la langue anglo-bavaroise; Saint-Paul, ou chapelle de la langue de France; Sainte-Catherine, ou chapelle de la langue d'Italie; des Trois-Rois, ou de la langue d'Allemagne; de la Sainte-Vierge, Saint-Sébastien, ou de la langue d'Auvergne: Saint-Georges, ou de la langue d'Aragon; Saint-Jacques, ou de la langue de Castille et de Portugal; Saint-Jean-Baptiste, ou de l'Oratoire; en outre, dans toute l'étendue de la grande nef, ce n'est qu'une suite non interrompue de tombeaux ou de pierres tumulaires chargées d'inscriptions latines qui ont été recueillies en 1855, par MM. Auguste Paradis, archiviste paléographe, et Athanase Rendu, élève de l'École des chartes.

Je dépasserais trop les limites dans lesquelles je dois ici me renfermer si j'entreprenais de décrire, même de la manière la plus sommaire, les plus remarquables de ces tombeaux. Qu'il me suffise seulement de mentionner les mausolées des deux grands maîtres Alof et Adrien de Vignacourt, morts, l'un en 1622, et l'autre en 1697, et celui du grand maître Emmanuel de Rohan, mort en 1797, qui se trouve dans la chapelle Saint-Paul ou de la langue de France.

C'est également dans cette chapelle que l'on

montre le monument de Louis-Charles d'Orléans, comte de Beaujolais. L'inscription qui y est gravée nous apprend que ce prince, s'étant retiré à Malte pour y rétablir sa santé, y succomba en 1808, et que ce mausolée, l'un des chefs-d'œuvre de Pradier, fut érigé en son honneur par les soins pieux de son frère, Louis-Philippe d'Orléans, roi des Français, en 1843.

Un autre chef-d'œuvre plus ancien, et qui malheureusement se dégrade de plus en plus, mérite pareillement d'être signalé comme l'un des plus beaux ornements de cette chapelle : c'est le tableau de la décollation de saint Jean-Baptiste par Michel-Ange de Caravage. Cet artiste incomparable y a peint avec une vérité saisissante de détails et une puissance extraordinaire de coloris la grande scène de ce martyre.

Sans entrer dans de plus amples développements sur la cité la Valette, sur les autres églises qu'elle renferme et sur les divers faubourgs fortifiés qui entourent ses ports, dirigeons-nous maintenant, en dehors de son enceinte, vers l'Institut africain.

Il est situé à trois kilomètres de la ville, sur la grande route qui conduit à Città-Vecchia ou Città-Notabile, l'ancienne capitale de l'île.

Fondé d'abord à Saint-Louis de Carthage, puis transplanté momentanément à la Marsa et ensuite à Malte dans le courant de l'année 1881, il a été créé par Mgr Lavigerie pour l'éducation des jeunes nègres rachetés de l'esclavage par les RR. PP. missionnaires de l'Afrique centrale. Ces jeunes nègres sont spécialement destinés à être des médecins. Ils sont actuellement au nombre de vingt ; on en attend prochainement une douzaine d'autres, que doit amener un missionnaire de Zanzibar. D'après leur âge et leur savoir, ils sont divisés en trois classes sous la direction de plusieurs Pères d'Afrique, dont le supérieur, le R. P. Roger, est un ancien missionnaire d'une vertu, d'une science et d'une prudence éprouvées. En même temps qu'ils sont initiés par les religieux qui les instruisent aux principes fondamentaux de la religion chrétienne, à la pratique de notre langue et aux premiers éléments des connaissances humaines, un médecin de Malte leur fait un cours de médecine approprié à leurs besoins futurs, et qui puisse les mettre à même de soigner plus tard en Afrique les maladies les plus ordinaires de leurs compatriotes. Le but de Mgr Lavigerie est, en effet, de les renvoyer un jour dans les régions de l'équateur pour y servir d'utiles auxiliaires aux missionnaires auxquels ils sont attachés en qualités d'interprète, de catéchistes laïques et de médecins.

On n'ignore pas qu'en Afrique tous ceux qui exercent la médecine, même de la manière la plus primitive et la moins éclairée, jouissent d'un très grand prestige. On peut donc espérer que ces jeunes nègres, imbus de connaissances médicales beaucoup plus sûres et plus étendues, feront tourner au bien moral et religieux de ceux qu'ils soulageront physiquement l'influence légitime qu'ils ne manqueront pas d'acquérir, en disposant peu à peu leurs âmes à désirer et à recevoir les bienfaits de la médecine spirituelle que leur apportent les missionnaires. Pour cela, et afin de ne pas les habituer à une vie trop différente de celle qu'ils ont menée dans leur enfance et de celle qu'ils continueront à mener de nouveau en Afrique, ils sont soumis à un régime alimentaire à peu près semblable à celui de leur pays natal; ils dorment la nuit sur une simple planche munie d'une couverture. En outre, il leur est bien recommandé de s'entretenir entre eux, pendant les récréations, dans leur langue maternelle, pour ne pas en perdre l'usage; en un mot, si l'on s'efforce de les civiliser et de les instruire, on se garde bien de leur trop inoculer les mœurs, les coutumes et le goût de l'Europe, où ils ne doivent faire que passer.

A cet institut de jeunes nègres, Mgr Lavigerie a annexé, sous la direction des mêmes missionnaires, un séminaire et une école normale primaire.

Le séminaire, qui est encore en voie de création, doit former des prêtres maltais destinés à desservir les paroisses de l'Algérie et de la Tunisie, où les Maltais abondent le plus.

Quant à l'école normale primaire, elle fonctionne déjà et se compose actuellement de sept élèves kabyles, de dix-huit à vingt ans, qui se disposent à être instituteurs dans leur pays. Tous parlent le français très correctement, et étudient les mêmes auteurs qu'on le fait en France et en Algérie dans les écoles normales primaires. Je les ai interrogés les uns après les autres, et je n'ai eu qu'à les féliciter de la justesse et de la netteté de leurs réponses. Ils paraissent fort attachés, de même que les jeunes nègres, à leurs excellents maîtres, et ils aspirent tous à recevoir le baptême avant de quitter l'établissement.

Les Kabyles, on le sait, sont les descendants des populations chrétiennes qui habitaient autrefois le nord de l'Afrique, et que l'invasion arabe a refoulées dans les montagnes et a converties ensuite violemment à l'islamisme.

Mgr Lavigerie pense qu'avec de nombreuses écoles primaires, ayant pour instituteurs des Kabyles chrétiens, on pourrait peu à peu préparer le retour aux croyances de l'Évangile de ces peuples qui jadis les avaient embrassées.

Des terrasses du palazzo Rosso (*palais Rouge*), c'est ainsi que les Maltais désignent ordinairement l'Institut africain, on aperçoit, à sept kilomètres à l'ouest, la ville dite Città-Vecchia (la *Cité Vieille*), ou Città-Notabile (la *Cité Notable*).

Cette ville, où je n'ai pas eu le temps de retourner cette fois-ci, mais qui m'est connue depuis longtemps, est la Melita des Grecs, la Medina des Arabes. Avant la fondation de la Valette, elle était la plus importante place de l'île. Aujourd'hui elle est peu habitée et même en partie déserte. Sa position est d'ailleurs très avantageuse; car elle est située sur un plateau élevé d'où le regard embrasse l'île presque entière. Mais son éloignement de la mer l'a fait abandonner autrefois par les chevaliers, qui cherchaient avant tout à se fortifier autour des ports près desquels ils s'étaient fixés. Ses murs, ses bastions, ses palais, ses maisons, quoique datant de plusieurs siècles, sont du reste parfaitement conservés. On remarque, entre autres, la cathédrale et le palais épiscopal.

Dans le faubourg de Rabbato on visite de très curieuses catacombes, et sous l'église Saint-Paul une grotte vénérée, transformée en oratoire, qui passe pour être l'endroit où, après son naufrage, ce grand apôtre se serait d'abord retiré.

Nous savons par les *Actes des apôtres*[1] que saint Paul, étant conduit comme prisonnier à Rome, fut jeté par la tempête sur les côtes de l'île de Malte, et que, le navire sur lequel il se trouvait ayant échoué, il parvint à atteindre le rivage en nageant ou porté sur des épaves, ainsi que ses autres compagnons de route. La tradition veut qu'il ait abordé dans la baie qui porte encore aujourd'hui son nom.

Les mêmes *Actes* nous racontent que cet apôtre, pour se réchauffer, ayant allumé du feu avec des sarments, une vipère qui y était cachée s'élança sur lui et le mordit à la main. Les indigènes qui s'étaient rassemblés autour des naufragés, à la vue du serpent venimeux qui pendait de la main de l'Apôtre, se disaient les uns aux autres : « Assurément cet homme est un homicide; car, à peine échappé aux flots de la mer, la vengeance divine ne cesse néanmoins

---

[1] Ch. xxviii.

de le poursuivre, et semble avoir juré sa perte. »

Mais lui, secouant la vipère, la rejeta dans le feu sans avoir éprouvé le moindre mal. Les insulaires s'imaginaient que sa main allait enfler, par suite du poison que le serpent avait dû y insinuer, et ils s'attendaient à ce que, le venin gagnant peu à peu le reste de son corps, il finirait par tomber soudain et par mourir; mais, observant qu'il n'en résultait pour lui aucun accident fâcheux, ils changèrent aussitôt d'opinion et le regardèrent comme un dieu.

Non loin de là était un domaine appartenant au chef de l'île, appelé Publius. Ce gouverneur accueillit l'Apôtre chez lui et l'y retint pendant trois jours, en lui prodiguant tous les soins d'une bienveillante hospitalité. Le père de Publius était alors au lit, où le retenait une fièvre ardente. Saint Paul s'approcha de lui, lui imposa les mains, et, se mettant en prière, il le guérit.

Quand cette nouvelle fut répandue dans l'île, tous ceux qui étaient affligés de maladies ou d'infirmités vinrent le trouver, et il les guérissait. C'est ainsi qu'il passa trois mois à Malte, avant de reprendre la mer et de poursuivre sa route vers Rome.

Les *Actes* ne nous disent point, à la vérité,

qu'il ait prêché l'Évangile dans cette île; mais il est infiniment probable, d'après la tradition constante et ancienne du pays, qu'il ne négligea point cette occasion d'annoncer la Bonne Nouvelle à ceux dont il soulageait les maux corporels, et de se faire en même temps le médecin de leurs âmes.

Du palazzo Rosso, le R. P. Roger eut la bonté de m'accompagner jusqu'au bourg de Sleima, situé à vingt minutes de la cité la Valette, et où je désirais examiner la maison des sœurs de Saint-Joseph de l'Apparition.

En 1842, Mme la baronne de Vialar, fondatrice de la congrégation des religieuses de ce nom, se rendait d'Alger à Rome, lorsqu'elle vit, comme saint Paul, le bateau qui la portait poussé par la tempête sur les écueils de Malte. Regardant ce naufrage comme un avertissement du Ciel qui l'engageait à fonder une maison dans cette île, elle alla s'installer avec les deux sœurs qui l'accompagnaient dans un petit local du faubourg la Vittoriosa.

De là, en 1846, cet établissement fut transféré dans la cité la Valette, puis, en 1858, dans le faubourg de la Cospicua, et enfin, en août 1881, dans la bourgade de Sleima, où j'ai été le visiter.

Les bâtiments actuels sont vastes et bien distribués, avec un jardin, une chapelle, des salles commodes, des dortoirs aérés et d'élégantes terrasses. On compte maintenant trente-six pensionnaires, toutes catholiques, Anglaises et Maltaises, et quarante demi-pensionnaires et externes, soit catholiques, soit protestantes, la plupart Anglaises et Maltaises, auxquelles il faut ajouter quelques Françaises. L'éducation la plus soignée y est donnée à toutes, et les trois langues française, italienne et anglaise, y sont enseignées par des religieuses qui les possèdent parfaitement; car le personnel enseignant se compose d'une douzaine de sœurs, dont quatre Françaises, quatre Italiennes et quatre Anglaises. Une Maltaise, en outre, est préposée aux travaux de couture.

La supérieure, depuis la fondation de la maison à Malte, a toujours été une Française. La sœur Joséphine, qui remplit présentement cette charge, et cela depuis 1867, s'en acquitte avec une compétence et un dévouement appréciés de toutes les familles, et si les élèves sont moins nombreuses en ce moment qu'elles ne l'ont été il y a deux ans, c'est que plusieurs maladies épidémiques ont désolé l'île de Malte à partir de cette époque, et que beaucoup de familles, dans de pareilles circonstances, ne veulent pas se séparer de leurs enfants.

Indépendamment de cette maison, qui est une école primaire supérieure, et même, dans la classe la plus élevée, une véritable école secondaire, les sœurs de Saint-Joseph dirigent dans le faubourg de la Cospicua un orphelinat sous le nom de Conservatoire, qui renferme une soixantaine d'orphelines. Cet établissement fut fondé, en 1772, par un Père jésuite maltais, nommé Agius, et par sa sœur, qui le dota et en fut la première supérieure. Plusieurs autres pieuses familles maltaises lui laissèrent des legs. Cet orphelinat est sous la dépendance immédiate de l'évêque, qui délègue un économe pour en administrer les biens, et un aumônier pour en être le directeur spirituel. Les rentes de la maison suffisent pour l'entretien du local et d'une quarantaine d'orphelines; les autres élèves, au nombre de vingt, doivent le précieux bienfait de leur éducation aux cotisations annuelles de personnes charitables. En 1858, l'évêque de Malte confia aux sœurs de Saint-Joseph la direction de cet orphelinat. Elles sont là quatre religieuses, deux Françaises et deux Italiennes, qui montrent aux enfants à lire et à écrire, et leur enseignent le catéchisme, l'histoire sainte, les éléments de l'arithmétique, la couture et les divers soins du ménage. Ces orphelines sont toutes Maltaises, et peuvent rester dans l'établissement jusqu'à l'âge de vingt et un ans.

Outre ces deux maisons des sœurs de Saint-Joseph, je dois mentionner dans le casal ou village de Balkal, à quelques kilomètres de la cité la Valette, un établissement de dames du Bon-Pasteur. Ces religieuses sont venues fonder en cet endroit, en 1858, un refuge pour les repenties et une préservation. Pour aider à l'entretien de ces deux œuvres, elles ont créé ensuite un pensionnat payant. Elles sont elles-mêmes Françaises, Anglaises, Maltaises et Italiennes. Quant aux repenties, aux orphelines, aux pensionnaires et aux demi-pensionnaires, elles sont la plupart Maltaises et atteignent le chiffre de cent. Dans le pensionnat, comme de juste, l'instruction est beaucoup plus développée que dans le refuge et la préservation, autrement dit l'orphelinat.

Je n'ai pas besoin d'ajouter que cette maison, de même que les précédentes, a rendu déjà et est appelée à rendre encore de signalés services à l'île de Malte.

Avant de remonter à bord du paquebot qui devait me transporter à Tripoli de Barbarie, j'allai saluer dans le faubourg de la Floriana une tombe qui m'est chère. Là, en effet, depuis 1859, dort au pied du principal autel de l'église Saint-Publius la pieuse dépouille d'un jeune prêtre français que j'ai beaucoup aimé.

M. l'abbé Arsène Quinton, c'est le nom de cet ecclésiastique, était le frère cadet de l'un de mes beaux-frères, ancien bâtonnier de l'ordre des avocats à Orléans. Il était parti de Marseille, au mois d'août 1859, avec sept autres prêtres français pour se rendre en Palestine. Ce pèlerinage était depuis longtemps l'objet de ses plus vifs désirs. Il le rêvait sans cesse de toute l'ardeur de sa foi et de son cœur, comme une sorte de couronnement indispensable à ses études théologiques et, si je puis dire, à son éducation complète de chrétien et d'apôtre. Déjà, pendant les trois ans qu'il avait passés comme vicaire à Jargeau, puis à Pithiviers, il avait révélé en lui un talent de parole réellement extraordinaire.

Mgr Dupanloup, avec cette intuition pénétrante qu'il possédait, avait compris tout ce qu'il y avait d'avenir et de sève puissante dans ce jeune orateur, et, présageant dans le vicaire de Pithiviers l'une des gloires futures de la chaire chrétienne, il lui avait accordé avec empressement la permission d'aller se retremper aux sources vives du christianisme, en parcourant les lieux mêmes qui avaient été le berceau de notre foi.

L'abbé Quinton s'embarqua donc plein de joie et d'enthousiasme. Mais, hélas ! il contracta bientôt en Palestine les germes d'une fièvre pernicieuse dont il ne connut pas d'abord toute la gravité.

Le 13 octobre, il se rembarqua à Beyrouth pour revenir en France, et le 22 du même mois, sur l'avis du médecin du paquebot qui le ramenait à Marseille, il fut déposé à Malte dans un état désespéré. Transporté aussitôt à l'hôpital civil de la Floriana, il y expira dans la nuit du 23, calme et résigné devant la mort, qui l'enlevait si jeune encore et si plein d'espérances à tous ceux qui l'aimaient, et qui de leurs vœux ardents hâtaient en vain son retour. Il fut inhumé par les soins de M. le consul de France dans l'église Saint-Publius.

C'est là que, tant d'années après ce triste événement, mais l'âme encore tout émue, j'ai pu m'agenouiller dernièrement devant la dalle sépulcrale qui recouvre les restes de ce prêtre, si digne des regrets les plus profonds. On y lit ces mots :

ICI REPOSE
M. L'ABBÉ QUINTON (ARSÈNE-LOUIS-MARIE-SÉBASTIEN),
PRÊTRE DU DIOCÈSE D'ORLÉANS,
VICAIRE DE L'ÉGLISE DE PITHIVIERS,
NÉ A ORLÉANS, LE 20 JANVIER 1832,
DÉCÉDÉ A MALTE, LE 23 OCTOBRE 1859,
DANS SA 28ᵉ ANNÉE,
A SON RETOUR D'UN PÈLERINAGE EN TERRE-SAINTE

*Egregiæ spei sacerdos, parentibus, populo Aurelianensi,
Clero, episcopo, flebilis occidit.*

*Nunc dimittis servum tuum, Domine,
Quia viderunt oculi salutare tuum.*

Cette épitaphe a été composée par Mgr Dupanloup lui-même. Elle dit tout en peu de mots. Oui, l'abbé Arsène Quinton était un ecclésiastique d'une rare espérance, *egregiæ spei sacerdos*. Oui, il est mort pleuré de sa famille, du peuple orléanais, du clergé et de son évêque: *parentibus, populo Aurelianensi, clero, episcopo, flebilis occidit.*

Car cet auguste prélat, le jour de la Toussaint 1859, monta en personne dans la chaire de sa cathédrale, et, du haut de cette chaire, avec des gémissements dans la voix et la douleur dans l'âme, il annonça devant son auditoire consterné la perte immense que son clergé venait de faire. Des larmes coulèrent de tous les yeux à la vue de celles que répandait le asteur suprême du diocèse, et jamais oraison funèbre ne fut plus touchante que celle-là. Vingt-six ans se sont écoulés depuis, et c'était pour la première fois que je revoyais Malte; je l'avais déjà visitée en 1852, en 1854 et en 1858. Aussi, avant de quitter cette île, à laquelle j'ai dit peut-être un éternel adieu, je tenais à m'incliner devant le tombeau de l'abbé Quinton.

Là cette prière jaillit de mon cœur :

« Seigneur, vous qui n'avez fait que montrer à la terre cet éloquent apôtre, ah! que vos dons soient désormais plus durables! Votre saint nom est partout blasphémé; votre religion, sans cesse attaquée, a plus que jamais besoin de défenseurs. Vous avez, il est vrai, trouvé mûr pour le ciel votre jeune serviteur Arsène; mais notre siècle, travaillé par l'impiété, réclame des prêtres qui lui ressemblent. Puisse donc une vertu secrète sortir de sa tombe, pour enfanter à votre Église des ministres sacrés en qui il revive! »

TRIPOLITAINE

La Tripolitaine, comprise d'un côté entre le 23ᵉ et le 33ᵉ degré de latitude nord, et de l'autre entre le 8ᵉ degré 54' et le 23ᵈ degré de longitude est, a pour limites : au nord-ouest la régence de Tunis, au nord la Méditerranée, à l'est l'Égypte, au sud le Sahara. On estime à quinze cents kilomètres environ la distance qui s'étend entre les frontières de la Tunisie et celles de l'Égypte; par conséquent, la longueur qu'occupe la Tripolitaine elle-même. Quant à sa profondeur dans le continent africain, elle dépasse sur certains points neuf cents kilomètres.

Très peu peuplée pour un semblable développement de territoire, que l'on évalue approximativement à huit cent quatre-vingt-onze mille neuf cents kilomètres carrés, elle ne renferme guère plus de deux millions d'habitants, Maures, Arabes, Berbères, Turcs, nègres, juifs et Européens.

Ses villes principales sont, sur le littoral : Tripoli, capitale du pachalik ;

Ben-Ghazi, qui a succédé à l'ancienne Bérénice, aux environs de laquelle on place d'ordinaire le fameux jardin des Hespérides ;

Derné, jadis Darnis ou Dardanis, située à l'est des fameuses ruines de Cyrène ;

Et dans l'intérieur :

Rhadamès, autrefois Cydamus, chef-lieu de l'oasis de ce nom ;

Et Mourzouk, capitale du Fezzan.

Comme de toutes ces villes je n'ai moi-même visité que Tripoli, c'est sur elle et principalement sur les établissements religieux français qu'elle contient que je vais un instant arrêter l'attention du lecteur ; puis j'ajouterai quelques renseignements qui m'ont été communiqués sur Ben-Ghazi et sur la mission catholique qui y a été fondée.

TRIPOLI ET BARBARIE

La province à laquelle sous les Romains appartenait la ville dont il va être question s'appelait Tripolitana provincia. Elle était ainsi nommée, parce qu'elle comptait trois cités principales : Sabrata, Leptis-Magna et Aea. Cette dernière passe pour avoir précédé, mais sur un emplacement différent, la ville de Tripoli.

Arrachée aux Romains par les Vandales, reprise ensuite par Bélisaire, subjuguée au VIIe siècle par les Arabes, occupée tour à tour par les Aglabites, les Fatimites et les Zéirites, conquise plus tard par Charles-Quint, cédée par cet empereur à l'ordre de Malte, Tripoli tomba, en 1552, au pouvoir de la Porte, sous le sultan Soliman II.

En 1714, Ahmed-Bey réussit à y fonder pour lui et pour sa postérité une dynastie héréditaire sous la suzeraineté de la Turquie. En 1835, la Porte profita des querelles domestiques qui avaient divisé et affaibli cette dynastie pour la remplacer par un pacha révocable à volonté, et chargé d'administrer le pays au nom du sultan.

Telles ont été, en deux mots, les destinées de la ville où nous allons aborder, et par suite de celle de la Tripolitaine, qui a partagé le plus souvent les diverses fortunes de sa capitale.

Le coup d'œil que présente à distance Tripoli, quand on y arrive par mer, est à la fois simple et imposant. Cette cité offre aux regards une grande masse blanche et uniforme qui, à partir du rivage, s'élève doucement sur les pentes d'une presqu'île dont la figure affecte celle d'un croissant. Sept minarets, appartenant à autant de mosquées différentes, dominent cet ensemble, qu'environne une ceinture de remparts flanqués de tours rondes ou carrées.

Derrière la ville s'étend un long rideau de palmiers, qui communiquent à ce panorama une couleur tout orientale, et dont la cime élevée et verdoyante semble se perdre dans l'azur du ciel.

A mesure que l'on s'approche davantage et que l'on s'avance dans la rade, on distingue une suite très régulière de récifs contre lesquels les vagues se brisent et écument, et qui, s'ils étaient reliés entre eux et surmontés d'une digue, constitueraient un excellent port dont les assises premières semblent posées par la nature elle-même. Il serait, dit-on, possible à peu de frais de créer ce port, et une nation européenne qui s'emparerait de Tripoli commencerait par là la restauration de la ville.

A droite, au nord, on aperçoit bientôt sur une pointe une batterie, les bâtiments de la quarantaine, le cimetière chrétien; au-dessus, une kasbah qui est regardée comme un ouvrage des Espagnols sous Charles-Quint, et plus haut encore un phare assis sur le sommet d'un monticule rocheux.

A l'autre extrémité de la ville, vers la gauche, au sud, s'élève le château, forteresse à la fois et palais, où réside le pacha, gouverneur de la Tripolitaine, avec sa famille, son état-major, ses principaux employés et une partie de la garnison. C'est un immense bâtiment auquel une foule d'annexes ont été successivement ajoutées sans ordre et sans goût. Ses murs épais et élevés sont très dégradés par le temps et par les hommes, et cachent à peine sous un récrépissage de fraîche date d'anciennes et profondes blessures. Toutes les fois, en effet, que la place a été attaquée par mer, c'est toujours ce château, ainsi que la kasbah dont j'ai parlé, qui avec la batterie du port ont reçu les premiers chocs des boulets ennemis.

Quand, après avoir débarqué et subi les formalités de la douane, on a franchi la porte de la Marine, on s'engage dans des rues plus ou moins régulières et assez mal pavées qui rappellent aussitôt l'Orient. Néanmoins elles m'ont paru mieux tenues que celles de beaucoup d'autres villes de l'empire ottoman. Plusieurs bazars sont bordés de boutiques, je ne dis pas élégantes, mais propres. Dans le Souk-el-Tourk, *marché turc*, les marchands et les passants sont garantis de la trop grande chaleur du jour par un toit de planches écartées les unes des autres, qui n'interceptent ni l'air ni la lumière, mais qui atténuent, en les brisant, l'ardeur des rayons du soleil. Sur ces planches court en outre une vigne gigantesque formant un long berceau de pampres entrelacés.

Dans le quartier chrétien, on remarque quelques maisons européennes commodes et bien bâties.

Par contre, le quartier juif est réellement immonde. Même pendant la belle saison, un ruisseau infect, véritable égout ouvert, y répand dans chaque rue des miasmes pestilentiels et des odeurs nauséabondes. A l'époque des pluies, comme il n'est pas pavé, on y piétine dans une boue épaisse et impure qui occasionne souvent de graves maladies. Toutefois, dans ce labyrinthe de rues, de ruelles étroites et fangeuses, habitent plusieurs milliers d'Israélites, dont quelques-uns entretiennent un commerce assez considérable avec le Soudan par le moyen des caravanes de Rhadamès et de Mourzouk.

Le seul monument antique qui soit encore debout dans la ville est un arc de triomphe construit, vers l'an 163 de notre ère, par un questeur romain sous le règne commun de Marc-Aurèle Antonin et de Lucius Ælius Verus. Bâti en beaux blocs calcaires très régulièrement taillés et de grand appareil, et orné de bas-reliefs et de trophées d'armes élégamment sculptés, mais actuellement très mutilés, il est depuis longtemps en partie enseveli dans le sol, à cause des décombres qui l'entourent et de l'exhaussement progressif des rues avoisinantes. L'inscription latine qu'on y lisait autrefois est à moitié cachée par de grossières bâtisses toutes modernes. Les arcades cintrées qui en décoraient les quatre faces sont aujourd'hui bouchées, et, en franchissant une petite porte qui donne entrée dans l'intérieur de l'édifice, on s'aperçoit avec peine qu'il a subi pareillement au dedans les outrages du temps et des hommes, transformé qu'il est de nos jours en un vil magasin de liqueurs et de comestibles. Il serait à souhaiter qu'un semblable monument, le seul qui rappelle à Tripoli la splendeur et la majesté de la civilisation romaine, fût complètement dégagé de tout ce qui l'obstrue, le dérobe en partie aux regards ou le déshonore, et isolé de manière à pouvoir être visible sur ses différentes faces. Malheureusement on ne peut attendre une pareille restauration de la part du gouvernement turc, qui n'est point assez ami des arts pour cela.

De l'époque chrétienne il subsiste, dit-on, des églises transformées depuis longtemps en mosquées; mais comme, à Tripoli, les musulmans ne laissent pas volontiers les chrétiens pénétrer dans leurs édifices religieux, je n'ai pu m'assurer de ce fait. Dans tous les cas, il est à croire que la plupart des colonnes qui ornent les portiques et les nefs de ces mosquées ont été enlevées à des monuments antérieurs, soit chrétiens, soit païens.

A Charles-Quint et à l'époque de l'occupation espagnole on attribue une partie des fortifications qui protègent encore la ville. Ces fortifications sont du reste en assez mauvais état, et si, de temps à autre, on les reblanchit à la chaux, on est loin d'en avoir fait des ouvrages de défense redoutables et à l'abri de la puissance de l'artillerie moderne.

La population de la ville et des oasis qui l'entourent comme des espèces de faubourgs est d'au moins trente mille habitants, parmi lesquels dix-sept mille musulmans, huit mille juifs, quatre mille Maltais, neuf cents Italiens et une centaine d'Européens de différentes nationalités. A cette population il faut ajouter une nombreuse garnison se montant à une dizaine de mille hommes, casernés dans la place ou dans les environs.

La France est représentée à Tripoli par un consul général. M. Destrées, que j'avais connu l'année dernière à Jérusalem, et dont j'avais pu apprécier personnellement la haute bienveillance et la grande amabilité, était attendu à ce poste important. Dans l'intervalle, le consulat de France était géré par M. Poignon, consul suppléant, qui avec ses divers employés me fit l'accueil le plus courtois. Le jour de mon départ, je vis débarquer du navire à bord duquel j'allais monter M. Destrées lui-même, qui venait prendre possession de son poste et que je saluai avec bonheur à son arrivée. Ce ne fut pas sans une véritable joie patriotique que j'assistai à tous les honneurs qui lui furent rendus par les autorités de la ville, au moment où il mit le pied sur le sol tripolitain.

Il est inutile d'ajouter, en effet, que le consul général de France à Tripoli a une position exceptionnelle. Dans cette ville, comme ses collègues dans toutes les autres de l'empire ottoman, il est non seulement le représentant officiel de notre pays, mais encore, au point de vue des intérêts religieux, celui de la catholicité tout entière, dont il est le protecteur traditionnel, à quelque nation qu'appartiennent les catholiques qu'ombrage son pavillon. A Tripoli, par exemple, la population chrétienne, comme je l'ai dit, est en grande majorité maltaise ou italienne, et on n'y compte qu'un fort petit nombre de Français. Ces Maltais et ces Italiens ont leur consul particulier; mais, en tant que catholiques, ils s'abritent sous le protectorat de la France.

Quant au chef spirituel des catholiques de Tripoli et de la Tripolitaine, c'est un préfet apostolique. Celui qui est investi actuellement de cette fonction sacrée est un vénérable religieux italien, âgé de soixante-quinze ans et appelé Angelo-Mario da Santa-Agata. Il appartient à l'ordre des Frères mineurs observantins. Venu d'abord à Tripoli en 1843, en qualité de simple missionnaire, puis envoyé ailleurs, il a reparu ensuite à Tripoli avec le titre de R. P. préfet apostolique et le rang d'évêque. Il connaît parfaitement la Tripolitaine, qu'il a parcourue presque tout entière à plusieurs reprises, et où il a rendu et rend encore de grands services aux populations catholiques qui y sont disséminées. J'ai trouvé auprès de ce respectable vieillard l'accueil le plus sympathique, et, tout Italien qu'il est, il m'a toujours parlé de la France, dans les divers entretiens que j'ai eu l'honneur d'avoir avec lui, avec le plus profond respect et la plus vive reconnaissance. C'est la France, en effet, qui est sa fidèle protectrice et qui soutient depuis longtemps sa mission.

La communauté qu'il dirige à Tripoli se compose de quatre Pères missionnaires et de trois frères, tous Italiens comme lui et de l'ordre des Frères mineurs observantins. Trois de ces Pères sont absorbés dans la ville même par les soins de leur pieux ministère ; le quatrième est chargé dans un village voisin d'une paroisse dont je dirai un mot ultérieurement.

L'église actuelle de Tripoli date de 1829. Elle a remplacé une humble chapelle où les cérémonies du culte se célébraient presque dans l'ombre ; mais elle-même est devenue beaucoup trop petite pour contenir tous les catholiques de la ville, dont le nombre a singulièrement augmenté depuis quelques années. Aussi le R. P. préfet apostolique a-t-il conçu le projet de la rebâtir dans des proportions beaucoup plus vastes et avec une forme plus élégante. Il possède dans le frère Fortunato l'architecte dont il a besoin pour exécuter ce grand travail, mais les fonds lui manquent pour l'entreprendre. Pour le moment, il se contente de réparer et d'agrandir son couvent.

Ce frère Fortunato, que je viens de nommer, cache sous l'extérieur le plus simple et le plus modeste beaucoup de bon sens pratique, une rare intelligence et une aptitude incontestable pour tout ce qui concerne l'art de bâtir. Maçon, serrurier et menuisier au besoin, il est en même temps capable de tracer le plan d'un édifice et de l'élever. La plupart des ordres religieux comptent ainsi dans leur sein, soit des Pères, soit des Frères, qui, pauvres et inconnus sur la terre, sont heureux de travailler obscurément pour la gloire de Dieu et de leur couvent, et qui laissent quelquefois d'eux-mêmes des œuvres remarquables que la postérité admire sans connaître le plus souvent leurs noms.

A côté du frère Fortunato, je dois signaler également dans la même communauté de Tripoli le frère Pacifico. Il cumule deux fonctions qu'il remplit avec le même dévouement : celle de cuisinier et celle d'organiste. Dans cette dernière il se montre réellement artiste. Malheureusement l'orgue qu'il touche à l'église aurait bien besoin, comme celle-ci, d'être remplacé. C'est un instrument ingrat, fatigué d'ailleurs par un long usage et qui ne répond nullement au jeu habile du bon frère musicien. Si, parmi les lecteurs qui parcourront ces lignes, il s'en trouvait un qui voulût bien faire cadeau à l'église de Tripoli d'un orgue plus digne d'accompagner les chants sacrés que celui dont je parle, le frère Pacifico serait dans un ravissement inexprimable. Passionné pour son art, il donnerait alors un libre cours à son talent sur un instrument qui ne serait point rebelle à ses efforts, et qui concourrait mieux à rehausser la majesté du service divin.

Deux établissements importants tenus, l'un par les sœurs de Saint-Joseph de l'Apparition, et l'autre par les frères marianites, méritent maintenant de ma part des développements un peu étendus; car tous deux contribuent singulièrement à faire aimer et honorer la religion et la France à Tripoli.

L'école des sœurs de Saint-Joseph dans cette ville date de l'année 1854. Elles y avaient été précédées, en 1850, par plusieurs sœurs du Bon-Pasteur d'Angers, qui ensuite ont été s'établir ailleurs.

Contraintes d'abord de se loger dans une maison étroite et incommode, elles obtinrent, en 1856, la maison beaucoup plus grande qu'elles occupent maintenant, et qui appartient à la mission. C'était une ancienne caserne turque qui avait besoin d'urgentes réparations, et où elles ne purent s'installer définitivement qu'en 1859. Elles sont actuellement au nombre de huit, une neuvième sœur attachée à l'hôpital ayant été forcée de retourner dernièrement en France pour cause de santé.

Cet hôpital tient à l'école, dont il est une dépendance, et il se compose de deux salles assez vastes et bien aérées, l'une pour les hommes et l'autre pour les femmes; en outre, une troisième salle, moins grande, est réservée aux consultations gratuites, qui ont lieu tous les jours, et qui ne manquent jamais d'attirer beaucoup de malades ou de blessés, chrétiens, juifs et musulmans. Le chiffre de ces consultations est, en moyenne, de neuf mille par an.

De l'hôpital passons à l'école. La supérieure est la sœur Marie-Carmel Cassar, d'origine maltaise. Elle habite Tripoli depuis vingt-cinq ans, et depuis seize ans elle est à la tête de la maison. Prudente, modeste et parlant peu, elle est très active et entièrement dévouée à son œuvre.

La classe la plus élevée contient vingt-neuf

jeunes filles, parmi lesquelles deux Françaises, deux Autrichiennes, trois Grecques schismatiques, six Maltaises, huit Italiennes et huit israélites. La sœur qui dirige cette classe depuis dix-huit ans est extrêmement méritante et très aimée; mais je l'ai trouvée très fatiguée. De nationalité française, elle aurait, je crois, besoin de venir un peu se retremper dans son pays natal.

La seconde classe, ou classe moyenne, renferme quarante et une élèves : deux Françaises, quatre Grecques, quatre Italiennes, six israélites et vingt-cinq Maltaises. Deux sœurs, l'une Française, l'autre Italienne, sont chargées de cette classe, qui est elle-même scindée en plusieurs sections.

La troisième classe, ou classe inférieure, compte également quarante et une élèves : cinq Françaises, neuf Grecques schismatiques, treize israélites et quatorze Maltaises. Elles sont presque toutes de l'âge le plus tendre, et c'est, en réalité, un véritable asile dont tout le soin repose sur une sœur française.

Ces différentes élèves payent aux sœurs une très légère rétribution, qui varie entre cinq et deux francs par mois, suivant l'âge de l'enfant et la fortune des parents.

Une quatrième classe, partagée en trois sections, comprend cent vingt élèves, admises gratuitement, sous la direction de deux sœurs, l'une Française et l'autre Maltaise. L'enseignement dans cette classe ne se fait qu'en italien; mais j'ai demandé qu'il se fît également en français, comme dans les classes payantes. Il importe, en effet, qu'un établissement qui est sous le protectorat français, qui est encouragé et soutenu par la France, contribue non seulement dans les classes payantes, mais encore dans celles qui ne le sont pas, à propager notre langue, et par cela même notre influence, parmi les populations auxquelles nous accordons le bienfait de nos écoles, de nos hôpitaux et de nos dispensaires. Sans doute l'italien est la langue presque exclusive du clergé à Tripoli, et pour cette raison il est indispensable que les sœurs l'apprennent à toutes leurs enfants, afin que celles-ci puissent comprendre les religieux qui sont chargés de leur instruction et de leur direction spirituelles. Mais, d'un autre côté, le français est la langue maternelle de la majorité des sœurs, et il leur en coûte à elles-mêmes de ne pas pouvoir enseigner celle qu'elles possèdent naturellement le mieux, et qui leur rappelle sans cesse la patrie absente.

La supérieure m'a répondu qu'elle était toute

disposée à introduire dans son établissement, comme cela a lieu dans beaucoup d'autres, l'enseignement parallèle et simultané des deux langues pour toutes les élèves sans exception.

Je lui ai demandé ensuite si elle ne pourrait pas ouvrir un asile pour les petits garçons de quatre à sept ans. Un assez grand nombre d'entre eux, en effet, appartenant à de pauvres familles, errent dans les rues ou végètent misérablement sous le toit paternel, au sein de l'ignorance la plus complète. Cet asile, dirigé par des religieuses aussi habiles que le sont les sœurs de Saint-Joseph à s'emparer de l'enfance et à l'instruire en l'amusant, rendrait un grand service à bien des parents, et préparerait, en outre, au collège des marianites des recrues tout autres que celles qui leur arrivent maintenant pour remplir leurs classes inférieures.

« Nous avons nous-mêmes, me repartit la digne supérieure, appelé plus d'une fois de nos vœux la création d'un pareil asile, où nous pourrions recueillir à côté de nos petites filles leurs petits frères, auxquels nous serions heureuses de prodiguer comme à elles nos soins les plus attentifs ; mais trois choses nous manquent pour cela : une salle nouvelle, une sœur au moins de plus, et des ressources plus considérables; car, avec ce que nous recevons et la faible rétribution que nous donnent les enfants des classes payantes, nous pouvons à peine vivre et suffire à toutes les dépenses de notre maison. »

Le collège des frères marianites a remplacé un ancien bagne dit de Saint-Michel. Les malheureux captifs chrétiens occupaient les salles basses de l'établissement; dans une chambre haute voisine des terrasses, habitait un Père missionnaire qui s'efforçait d'alléger leurs misères en leur apportant les consolations de la religion. Ce bagne a été ensuite loué au consul d'Espagne, puis concédé par le gouvernement tripolitain à la mission catholique. Érigé en collège, il y a quatre ans, il a été confié à la congrégation française des frères marianites, qui y a envoyé cinq frères.

Le directeur actuel, M. Lacroix, est un homme très jeune encore, mais calme, posé, à la fois ferme et conciliant. Il réunit en lui des connaissances variées et possède en outre plusieurs arts d'agrément, tels que le dessin et la musique. C'est lui qui fait la classe supérieure. Elle se compose de vingt-sept élèves, divisés en deux sections; les plus avancés ont de seize à dix-huit ans. Quelques-uns d'entre eux m'ont répondu d'une manière fort satisfaisante dans l'examen que je leur ai fait subir.

Les deux autres classes payantes contiennent l'une vingt-sept, et l'autre vingt élèves, qui, comme dans la première, appartiennent à des nationalités différentes. Chacune d'entre elles a pour professeur un frère spécial.

La rétribution fournie par les élèves est, du reste, fort peu considérable. Une quatrième classe, entièrement gratuite, comprend quatre-vingts enfants, la plupart tout jeunes, et dont quelques-uns ont à peine cinq ans. J'ai admiré plus d'une fois la patience du bon frère qui est chargé, à lui seul, de surveiller et d'instruire tout ce petit monde. L'enseignement dans cette dernière classe ne se fait qu'en italien, au grand regret du maître; il est lui-même Français, et il aimerait beaucoup mieux avoir à enseigner dans sa propre langue, qu'il connaît parfaitement, que dans une langue étrangère qu'il estropie souvent en la parlant.

La raison d'une pareille anomalie est la même que celle que j'ai déjà indiquée tout à l'heure, à propos d'un fait semblable qui se passe dans la classe non payante de l'école des sœurs.

La langue italienne est apprise aux enfants,

et toutes les leçons se donnent en italien, notamment celles qui roulent sur le catéchisme et sur l'histoire sainte, parce que l'italien est la langue du clergé et de la paroisse. Rien de mieux; mais, d'autre part, n'est-il pas étrange que, dans un collège français protégé par la France et tenu par des maîtres français, la moitié au moins des élèves qui le fréquentent n'apprennent pas un mot de la langue de la puissance protectrice à laquelle ils doivent tant? Le moyen de tout concilier, c'est d'enseigner conjointement les deux langues à tous les élèves et dans toutes les classes, gratuites et non gratuites. Les professeurs satisferont de la sorte aux exigences de la situation, à leur propre patriotisme et aux secrets désirs d'une foule de parents, qui seront très heureux de voir leurs enfants posséder également les deux langues, française et italienne.

Tel est le but auquel doit tendre le collège marianite de Tripoli. Le frère très intelligent qui le dirige est pénétré, je le sais, des sentiments que j'exprime ici, et que partagent ses zélés collaborateurs.

En somme, cet établissement, depuis qu'il a été fondé, c'est-à-dire depuis quatre ans, s'efforce de faire à Tripoli pour les garçons ce que l'établissement des sœurs de Saint-Joseph fait dans la même ville pour les filles depuis près de trente années. Tous deux ont à lutter contre deux écoles rivales que les Italiens y ont créées, pour y accroître leur influence et y amoindrir celle de la France. Tous deux travaillent, au contraire, à y augmenter la nôtre, et par conséquent méritent d'être fortement soutenus par notre gouvernement, par l'œuvre des écoles d'Orient et par celle de l'Alliance pour la propagation de la langue française. Grâce à ce triple concours, ils pourront se développer davantage, augmenter leur personnel et introduire dans leur enseignement les modifications et les nouveaux services que l'on attend de leur dévouement.

Ces lignes étaient déjà écrites, lorsqu'une lettre que je viens de recevoir de Tripoli m'a appris, à ma grande satisfaction, que cette réforme que j'appelais de mes vœux, je veux parler de l'introduction de l'enseignement de notre langue dans toutes les classes des deux écoles françaises de cette ville, était depuis quelques jours un fait accompli et que tout le monde s'en réjouissait, maîtres, maîtresses, parents et élèves. Je m'empresse donc de féliciter ces deux écoles de cette heureuse et patriotique innovation, et de remercier en même temps le R. P. préfet apostolique, qui a daigné si vite l'autoriser et prendre ma demande en considération.

Quelques lecteurs trouveront peut-être que j'attache trop de valeur à un petit fait qui, selon eux, n'a qu'une très médiocre importance. Quel si grand intérêt, en effet, y a-t-il, pensent-ils en eux-mêmes, à ce qu'à Tripoli de Barbarie on apprenne le français à un plus ou moins grand nombre d'enfants? A cela je réponds que, dans une ville où la population française se réduit à quelques individus, il importe beaucoup au maintien et à l'extension de notre influence que notre langue soit répandue le plus possible avec nos bienfaits; car la communauté de langage est l'un des liens qui contribuent le plus à rapprocher les hommes les uns des autres et à les unir fraternellement ensemble.

Plusieurs oasis environnent Tripoli et forment près d'elle une ceinture verdoyante qui peut avoir vingt-cinq kilomètres de long sur deux de large. Je les ai en partie parcourues avec le bon frère cuisinier du collège des marianites, ancien soldat français, qui dans trois excursions différentes m'a servi de guide.

Il ne faut pas les comparer aux belles et riches oasis de la régence de Tunis, et notamment à celle du Belad-el-Djerid, où l'eau coule en ruisseaux murmurants et entretient partout une fécondité merveilleuse et réellement inépuisable. Les oasis qui avoisinent Tripoli consistent en une longue et étroite zone de jardins sablonneux, où il faut sans cesse extraire péniblement de puits plus ou moins profonds l'eau nécessaire à des irrigations continuelles; autrement tout retomberait vite, principalement pendant les grandes chaleurs de l'été, dans la stérilité et dans la mort.

Dans ces jardins, divisés en de nombreux enclos, on cultive divers légumes, ainsi que des orangers, des citronniers, des grenadiers et des figuiers; mais l'arbre qui domine est le palmier. Il forme des espèces de forêts. Les dattes qu'il produit sont moins estimées que celles des oasis de Tozer et du Nefta, en Tunisie. Les jeunes pousses du sommet de l'arbre fournissent en outre tous les ans, à l'époque de la taille, une liqueur agréable et sucrée que les indigènes affectionnent singulièrement. Au bout de peu de temps elle éprouve une fermentation puissante et se change en un vin fort et enivrant.

L'usage de ce vin est très ancien; car nous savons par Hérodote [1] que Cambyse envoya aux Éthiopiens, par l'intermédiaire des ich-

---

[1] Liv. III, ch. xx.

tyophages, quelques mesures de vin de palmier.

Les musulmans, qui s'interdisent le vin de la vigne, par obéissance aux préceptes du Coran, se permettent le vin du palmier, qui est bien plus énergique et plus violent dans ses effets.

Au delà de cette zone de jardins s'étend, à perte de vue, une immense plaine sablonneuse, où pas un arbre, pas un arbuste, pas une herbe même ne repose le regard, que fatigue et qu'éblouit la réverbération d'un soleil souvent très ardent. Cette plaine est terminée à l'horizon par une chaîne de montagnes bleuâtres, médiocrement élevées, et que l'on désigne sous le nom de Djebel-Gourianah.

Mais revenons à nos oasis. Elles sont entremêlées d'habitations, les unes dispersées, les autres plus ramassées, d'autres enfin formant de véritables rues.

L'un de ces groupes, qui est assez rapproché de la ville, peut avoir une population de trois mille habitants, dont huit cents Maltais et quelques Italiens; les autres sont mahométans.

Le R. P. préfet apostolique, pour répondre aux besoins religieux des catholiques de cette oasis, y a fondé une paroisse latine qu'il a confiée aux soins d'un de ses religieux, le

R. P. Raimondo, qui vit là isolé avec un frère dans un jardin. La cellule qu'il habite dans l'humble presbytère qui touche à son église est des plus pauvres et des plus misérables. Il en est de même, à plus forte raison, de celle du frère, qui sert à la fois de sacristain, de jardinier et de cuisinier. Tout y respire la simplicité ou plutôt l'indigence évangélique la plus grande. Quant à l'église, elle est sans doute des plus modestes; mais néanmoins elle est propre et bien tenue. Les Maltais de l'oasis s'y rendent en foule le dimanche, et elle est alors souvent beaucoup trop petite pour les contenir tous.

Une école manque dans cette localité et y serait très utile.

Les autres oasis des alentours de Tripoli ne sont habitées que par de rares chrétiens.

BEN-GHAZI

Avant de quitter la Tripolitaine, j'avais formé le projet d'aller à Ben-Ghazi, l'une des principales villes de ce pachalik après Tripoli de Barbarie. A Ben-Ghazi, en effet, le sœurs de Saint-Joseph dirigent depuis 1863 une école que je désirais visiter. Mais, s'il est très facile de gagner Tripoli, où abordent chaque semaine deux paquebots à vapeur passant par Malte, il est, au contraire, peu aisé de se rendre à Ben-Ghazi, ville pour laquelle aucun service régulier de paquebots n'a été organisé. Il faut profiter pour cela d'occasions assez rares que je n'avais pas le temps d'attendre, et, à mon grand regret, je dus renoncer à ce voyage, en me contentant de recueillir à Tripoli quelques renseignements sur la ville en question, sur les deux écoles qu'elle renferme, et notamment sur celle des sœurs de Saint-Joseph.

Ben-Ghazi, dont le nom arabe signifie *fils*

de la guerre, est située sur le bord de la mer, au nord-est du vaste golfe de la Grande-Syrte. Son port est en partie comblé, et l'entrée en est fort étroite, resserrée qu'elle est par des récifs. Il est défendu par un château carré et flanqué de tours rondes, où logent le gouverneur et la garnison.

La ville actuelle a été bâtie avec les débris de l'ancienne Bérénice, qui florissait sous les Ptolémées et qui avait succédé elle-même probablement à l'antique Hespéris, qu'avoisinait, dit-on, le célèbre jardin des Hespérides. Les rues y sont irrégulières et mal entretenues. La plupart des maisons sont grossièrement construites, et ne rappellent en rien la splendeur de la cité que Ptolémée Philadelphe avait pris plaisir à décorer en lui donnant le nom de son épouse. La principale branche du commerce des habitants consiste en bestiaux, en laine, en blé et en quelques objets manufacturés.

La population se compose de cinq à six mille musulmans, dont beaucoup appartiennent à la race noire et proviennent de l'esclavage. A ce chiffre il faut ajouter un millier au moins d'israélites et environ huit cents chrétiens, la plupart Maltais.

Le R. P. préfet apostolique de la Tripolitaine, dans une de ses tournées à Ben-Ghazi en 1862, ému de la misère morale dans laquelle étaient plongés les malheureux chrétiens de cette ville, conçut et exécuta le projet d'y bâtir un couvent qui renfermerait une église, deux écoles et un hôpital avec dispensaire. Il confia le soin d'élever cette vaste construction, pour laquelle il avait péniblement réuni des ressources très limitées, au frère Fortunato, dont il a été parlé plus haut, et qui se mit aussitôt à l'œuvre comme architecte et comme maçon avec une activité et une intelligence remarquables. Dans le courant de l'année 1863, tout était achevé.

Deux religieux italiens, de l'ordre des Frères mineurs observantins, furent attachés à l'église et à l'école des garçons. D'un autre côté, trois religieuses de Saint-Joseph de l'Apparition, dont deux Françaises et une Italienne, furent appelées pour desservir l'hôpital, le dispensaire et l'école des filles.

Depuis cette époque, ces deux écoles n'ont pas cessé de fonctionner ; peu connues, et partant peu secourues et encouragées, elles méritent cependant de l'être.

Le dispensaire est très fréquenté par la population indigène ; car les sœurs soignent indistinctement tous les malades qui recourent à leurs services et à leur dévouement. Aussi sont-elles, là comme partout, très estimées et très aimées. Les habitants de Ben-Ghazi, qui passent généralement pour avoir quelque chose de sauvage et de brutal dans le caractère, se sont depuis longtemps apprivoisés pour elles et les traitent même avec des égards marqués.

CONCLUSION

En terminant ce que j'avais à dire sur la Tripolitaine, je n'apprendrai rien à ceux qui sont au courant de la politique contemporaine, si j'ajoute que depuis quelque temps l'Italie semble convoiter plus ou moins ouvertement la possession, ou tout au moins le protectorat de ce pachalik, comme une sorte de dédommagement de la Tunisie, à laquelle elle prétendait et qui lui a échappé. Dans la ville de Tripoli, le quart à peu près de la population catholique est italien. Le clergé est entièrement italien, et la langue italienne est assez répandue. A Ben-Ghazi, le clergé est de même italien, et la colonie chrétienne compte pareillement un certain nombre d'Italiens. Mais, d'un autre côté, si dans ces deux villes les Français sont, il est vrai, en infime minorité, le protectorat de la population catholique tout entière de la Tripolitaine appartient néanmoins de longue date à la France; le consul général de cette nation est, comme je l'ai dit, le défenseur officiel et le patron attitré de la religion catholique auprès de la Sublime-Porte. C'est à lui et non au consul italien que s'adresse le R. P. préfet apostolique, tout Italien qu'il est, quand il a une demande ou des réclamations à faire parvenir au gouvernement turc; c'est de lui qu'il attend aide et secours. En retour, il lui doit, et à lui seul, et avec tout son clergé, certains honneurs à l'église qu'aucun autre consul ne peut partager.

En outre, si les Français ne sont qu'une poignée d'hommes dans la Tripolitaine, les Maltais y sont par milliers. On en évalue généralement le chiffre à quatre mille au moins à Tripoli, et à sept cents à Ben-Ghazi. Or les Maltais inclinent beaucoup plus vers la France que vers l'Italie. Très attachés au souverain pontife, ils ne peuvent être les amis d'une nation qui le persécute, et qui, aveuglée sur ses propres intérêts et oublieuse de tant de bienfaits, voudrait même l'expulser de son sein. Ensuite ils sont habitués à respecter la France, qu'ils rencontrent partout où ils émigrent, en Algérie, en Tunisie et en Tripolitaine. Que dis-je!

ils la retrouvent dans leur île même de Malte, où, bien que celle-ci appartienne depuis longtemps aux Anglais, vit toujours le souvenir des chevaliers français qui jadis contribuèrent tant à sa gloire. Aujourd'hui encore la France s'y manifeste par ses bienfaits au moyen des établissements religieux dont j'ai parlé.

Mais, pour que notre pays conserve en Afrique et en Orient la prépondérance politique et le prestige dont il jouit encore, il faut d'abord et avant tout qu'il y maintienne avec soin son protectorat religieux, et que tous ses agents s'y montrent les zélés défenseurs des catholiques et des congrégations enseignantes et hospitalières. Autrement si, dans la personne de ses représentants, il devenait, je ne dis pas hostile, mais seulement indifférent à la grande cause catholique dont il a été jusqu'à présent le patron séculaire et officiel, il verrait aussitôt les catholiques étrangers tourner leurs regards, leurs espérances et leurs sympathies vers quelque autre nation protectrice, qui ne manquerait pas de se charger avec empressement de la mission que nous aurions, pour notre malheur, honteusement abandonnée. En Tripolitaine, par exemple, les Maltais, qui forment à eux seuls les trois quarts de la population catholique, n'ayant plus rien à attendre de la France pour la défense de leurs intérêts les plus chers, ne tarderaient pas eux-mêmes à proposer à l'Italie ce patronage qu'elle ambitionne, et qui deviendrait vacant par suite de notre abdication. Tout nous fait donc une loi impérieuse de persévérer, sous peine d'une déchéance prompte et inévitable, dans notre politique traditionnelle à l'égard des diverses populations catholiques de l'empire ottoman, et comme ce sont nos congrégations religieuses qui contribuent le plus à nous attirer leurs sympathies avec celles des musulmans eux-mêmes, par la diffusion de nos bienfaits, de notre langue et de nos connaissances, nous ne saurions trop les encourager dans leurs efforts, qui tendent à la fois à la gloire de Dieu et à celle de la France.

FIN

TABLE

Avant-propos.	7
TUNISIE	15
Carthage.	ibid.
Tunis.	44
La Goulette.	103
Béja.	111
Bizerte	115
Sousa.	125
Monastir.	135
Mahédia.	138
Sfax.	144
Gabès.	152
Djerba.	161
MALTE.	171
TRIPOLITAINE.	205
Tripoli de Barbarie.	207
Ben-Ghazi.	230
Conclusion.	235

22567. — Tours, impr. Mame.

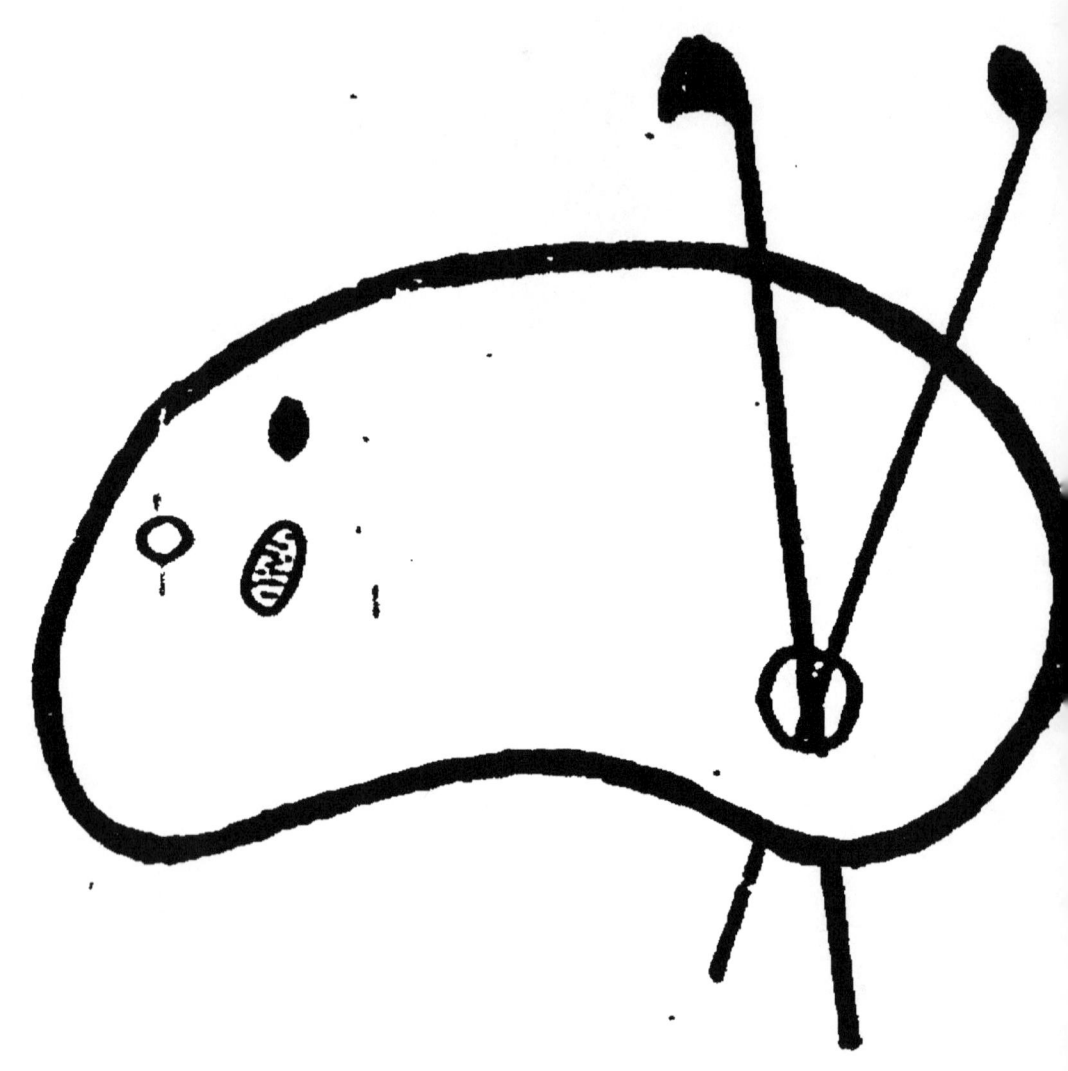

www.ingramcontent.com/pod-product-compliance
Lightning Source LLC
Chambersburg PA
CBHW060119170426
43198CB00010B/957